AF231371

Itinéraire d'un patron rebelle

Pascal Gayrard

Itinéraire
d'un patron rebelle

Stock

Couverture Atelier Didier Thimonier
Photo : D. R.

ISBN 978-2-234-07190-2

Préface

La première vertu du livre de Pascal Gayrard est d'offrir au lecteur l'occasion de faire connaissance avec un homme hors du commun. Comment ne pas être admiratif lorsqu'il nous raconte ses origines, enfant de bougnat de la banlieue parisienne, quittant trop tôt l'école, sans qualification, s'essayant à des petits métiers avant d'entrer dans la grande distribution, tout en bas de l'échelle. Il terminera sa carrière, on le sait, à la tête de la filiale française d'un des plus grands groupes mondiaux de distribution, le leader du cash & carry, avec la responsabilité de près de 10 000 collaborateurs. Le récit, modeste et pudique, que Pascal Gayrard nous livre de cette trajectoire illustre la rencontre d'un homme et d'une époque.

L'homme – que je connais personnellement depuis peu mais qui a d'emblée su établir entre nous un climat de confiance et de sympathie – présente toutes les qualités d'un entrepreneur de talent : la pugnacité, le goût du défi, l'instinct, la fidélité à ses valeurs, la capacité à s'entourer et à entraîner les hommes. J'ai été frappé, en plusieurs endroits du livre, par cette capacité admirable – et sans doute trop rare – de Pascal Gayrard à dire « non » à plusieurs moments clés de sa carrière, à oser parfois affronter ses responsables ou ses actionnaires parce qu'il considérait qu'ils faisaient fausse route ou l'engageaient à se comporter d'une manière peu conforme à son système de valeurs. Il nous rappelle ainsi que l'on peut réussir et faire réussir des entreprises tout en restant droit dans ses bottes. À une époque où l'éthique semble faire si cruellement défaut à la marche des affaires, ce témoignage est rassurant. Mais le livre nous donne aussi à voir un homme complet, finalement très différent de la figure du patron hyperactif qui s'impose aujourd'hui comme la norme du dirigeant. On découvre un époux attentionné, un père de famille attentif, un amoureux de la nature, un artiste... Il se qualifie lui-même d'épicurien. Il aime la vie et ne sacrifie pas tout à son travail. C'est peut-être aussi à cette capacité de se déconnecter, de prendre du recul, de se ressourcer dans d'autres activités, que Pascal Gayrard doit sa performance professionnelle. Là encore, à l'heure de l'accélération généralisée, où l'on confond agitation et performance, alors que les mutations du monde invitent à la prise de recul, à élargir son champ de vision, à prendre le temps de la décantation et de la réflexion, Pascal Gayrard nous propose un modèle alternatif que beaucoup gagneraient à méditer.

Bien sûr, ces qualités personnelles ne sont sans doute pas étrangères à la réussite de METRO France depuis qu'il en assure la direction. Pascal Gayrard n'est pas peu fier d'avoir opéré cette rupture par rapport au modèle des origines qui consiste à avoir ouvert des entrepôts au cœur de la capitale, renforçant ainsi la vocation de service de proximité de l'enseigne. Il nous livre – mais n'est-ce pas un passage obligé d'un livre de ce genre ? – une vision idyllique de METRO, de la relation de l'entreprise à ses clients (restaurateurs et petits commerçants), de la dynamique humaine qui serait la clé de la compétitivité… On est bien sûr tenté de penser que Pascal Gayrard « rosit » le tableau, qu'il reste discret sur les aspects moins flatteurs du fonctionnement de son entreprise, en surévaluant notamment la dimension sociale et sociétale afin de masquer l'obligation de satisfaire aux objectifs des actionnaires. Mais qu'il me soit pourtant permis de livrer ici une anecdote que je considère comme significative. Au printemps 2011, j'ai été contacté par des membres de l'équipe de Pascal Gayrard afin d'intervenir pour présenter mes analyses de l'évolution du commerce durant la convention organisée par le groupe à l'occasion de ses quarante ans. Afin de préparer cette intervention, j'ai été convié à une réunion du directoire. La nature des relations entre les cadres dirigeants dans ce type d'instance en dit long sur le mode de management et la culture de l'entreprise. Ici, j'ai été frappé par la bonne humeur qui régnait dans la salle, la décontraction, la liberté de prise de parole de chacun, la complicité manifeste qui reliait les personnes autour de la table. Ce premier sentiment s'est confirmé et amplifié par la suite, lors de la fameuse convention, qui réunissait quelque 800 personnes. Cette qualité de relations interpersonnelles, je l'ai retrouvée chez l'ensemble des collaborateurs. Mon activité de conférencier m'a conduit à entrer dans l'intimité de nombreuses entreprises à l'occasion d'événements du même type. L'ambiance qui règne dans une salle est un précieux indicateur de la culture de l'entreprise. Et ce que j'ai vu ce jour-là chez METRO, je ne l'avais jamais vu ailleurs : 800 personnes debout, chantant et dansant, sous l'impulsion de cadres dirigeants déchaînés donnant la cadence sur la scène. Ce que j'ai vu et ressenti ce jour-là ne suffit pas, bien sûr, à exempter la présentation pro domo que nous livre ici Pascal Gayrard, et ce sans complaisance, mais crédibilise l'accent qui est mis, au quotidien, dans l'entreprise, sur certaines des valeurs.

Ce livre, pour moi, illustre parfaitement la rencontre d'un homme et d'une époque. En tant que chercheur, observant depuis vingt ans le secteur du commerce afin de comprendre ses transformations, j'ai été particulièrement sensible au témoignage de Pascal Gayrard sur cette tranche d'histoire du commerce. À ce titre, ce livre prendra place parmi les témoignages d'autres grandes figures du commerce qui se sont décidées à prendre la plume, et il alimentera, demain, le travail des historiens. Sans vouloir réduire le moins du monde ses mérites personnels, l'histoire de Pascal Gayrard, sa réussite professionnelle, n'est pas un cas isolé dans le monde du commerce. C'est l'un des rares secteurs qui a fait fonctionner à grande échelle l'ascenseur social. Sans doute parce que c'est une activité qui implique avant tout un engagement personnel, de l'instinct, le sens du travail d'équipe et une certaine empathie à l'égard des clients. Pascal Gayrard fait partie de ces autodidactes qui, ayant commencé leur carrière tout en bas, se sont retrouvés rapidement à un poste de commandement d'un grand groupe. La plupart des inventeurs du commerce moderne étaient des autodidactes. On ne compte plus les membres de comités de direction qui ont commencé leur carrière sur le terrain, dans les magasins, vendeurs ou chefs de rayon. Le monde professionnel du commerce est imprégné des valeurs du pragmatisme. On ne juge pas un homme à ses diplômes mais aux performances associées à son action.

Pascal Gayrard a trouvé motivation à écrire ce livre pour témoigner auprès des jeunes de la possibilité de réussir malgré un faux départ : tout ne se joue pas forcément au moment des études, on a droit à une seconde chance, à condition de s'en donner les moyens. Je crains toutefois qu'il ne nous parle ici d'un temps en passe d'être révolu. L'ascenseur social du commerce se grippe, rejoignant ainsi une tendance d'ensemble. Cela pour au moins deux raisons. La première, c'est que la croissance ralentit. Les entreprises qui dominent le secteur de la distribution aujourd'hui sont, pour la plupart, parties de rien il y a quarante ou cinquante ans et ont connu une croissance fulgurante, donnant leur chance aux salariés motivés et talentueux du bas de l'échelle. Il n'y a qu'une faible pyramide des qualifications dans le commerce, et le ralentissement de la croissance, l'arrivée du secteur à maturité créent un goulet d'étranglement dans le flux des promotions. La seconde raison réside dans l'évolution des conditions d'exercice de l'activité de distributeur.

Elles se complexifient, elles se technicisent. C'est d'abord une conséquence des formes de gestion dans les très grandes entreprises, multinationales, multiformats et, depuis peu, multicanales. C'est aussi l'effet de l'intrusion des nouvelles technologies à tous les niveaux de la chaîne de valeur. Enfin, c'est le produit de l'intensification de la concurrence, de la nécessité de répondre à l'évolution des attentes des clients. L'optimisation de la chaîne logistique – une condition de base de la compétitivité d'un distributeur – est devenue une tâche d'une redoutable complexité (au point que certains ont commencé de l'externaliser auprès de prestataires spécialisés) ; la fonction commerciale-marketing se professionnalise à son tour. Dans la distribution, on a longtemps pensé – et on le pense encore souvent – que le marketing n'est qu'affaire de bon sens à développer sur le terrain, au contact quotidien des clients. D'ailleurs, le meilleur marketing que puisse pratiquer un distributeur n'est-il pas de tout mettre en œuvre pour offrir à ses clients les prix les plus bas ? Des entreprises comme Tesco ou Zahra ont contribué à faire évoluer ces représentations. Pour capter la préférence d'un client de plus en plus exigeant et volatil, pour le fidéliser et renforcer son potentiel de valeur pour l'entreprise, il faut se donner les moyens de connaître avec précision ses comportements, ses attentes, entretenir avec lui une relation personnalisée, lui offrir des services et des promotions en phase avec ses priorités, partager avec lui des centres d'intérêt, des valeurs... Autant d'aspects que Pascal Gayrard associe avec raison au commerce indépendant mais que le grand commerce est en train d'apprendre à mettre en place à grande échelle, à un coût compatible avec des marchés de masse. Cela passe par l'investissement dans des systèmes d'information de plus en plus sophistiqués, par l'acquisition de nouveaux savoir-faire dans le traitement des données, la tarification, le marketing relationnel, la gestion cross-canal, l'animation de communautés... Des activités qui ne s'improvisent pas et qui requièrent la maîtrise de techniques de plus en plus pointues et des qualifications de plus en plus élevées. Les nouveaux défis auxquels les entreprises du commerce sont confrontées invitent également à réviser certains schémas de pensée, à se doter de compétences différentes permettant de faire évoluer les modèles d'entreprises. Bref, un simple regard au profil des dirigeants des groupes de distribution en 2011 suffit à se convaincre que les temps ont changé. L'autodidacte talentueux issu du sérail est en train de laisser place au diplômé d'une grande école ayant roulé sa bosse dans l'industrie, les télécoms, les services...

Il ne s'agit pas de porter un jugement, mais de dresser un constat, qui vient tempérer le message d'espoir auquel Pascal Gayrard est attaché. La chance dont il a bénéficié, jeune, dans le contexte des trente glorieuses, d'engager une carrière fulgurante, cette chance est aujourd'hui distribuée de manière beaucoup plus parcimonieuse. Les chiffres sont à cet égard sans pitié. Le chômage des jeunes est un fléau, et c'est avant tout les jeunes sans qualification qui en sont victimes. Le diplôme n'est pas une garantie, mais il est aujourd'hui le meilleur des passeports vers l'emploi, et vers les postes de direction. Là encore, on peut le regretter, plaider pour la mise en place enfin effective de la seconde chance, de la formation tout au long de la vie, c'est une réalité qu'il est dangereux d'éluder. Pour autant, si le commerce a de plus en plus de difficulté à catapulter des autodidactes au sommet, il n'a pas perdu sa fonction sociale. Même au plus bas des organigrammes, dans les entrepôts ou les magasins, l'exigence de professionnalisation s'accroît. La main-d'œuvre d'exécution, qui un temps apparaissait principalement comme un coût à réduire et donnait lieu à une gestion des plus tayloriennes, devient peu à peu un élément essentiel de la compétitivité des enseignes. Là encore, le témoignage de Pascal Gayrard est précieux : il montre à quel point la compétitivité d'une entreprise comme METRO dépend de l'engagement et de la compétence de ses salariés à tous les niveaux. Les entreprises les plus dynamiques du commerce d'aujourd'hui consacrent des moyens très importants (très au-dessus des obligations légales) à la formation professionnelle, intéressent leurs collaborateurs à tous les échelons hiérarchiques à la performance, voire les intègrent d'une manière ou d'une autre à la définition de la vision de l'entreprise. Le personnel d'exécution devient une ressource essentielle qu'il convient de cultiver. Gros employeur de main-d'œuvre peu qualifiée, le commerce est encore un point d'entrée important sur le marché du travail pour qui est sorti du système scolaire sans diplôme et qui trouve là des employeurs qui contribuent à une socialisation, jusque-là incomplète, indispensable à l'engagement dans une carrière professionnelle. Les six classes conduisant au certificat de qualification professionnelle que METRO ouvre chaque année participent de cette logique.

Pascal Gayrard décrit également le destin de ce commerce indépendant (isolé) qu'il aime tant – et dont, rappelons-le, dépend la prospérité de METRO. Depuis près de cinquante ans, les épiciers, en centre-ville comme en milieu rural, ont fait les frais de l'évolution des modes de vie, de la reconfiguration du milieu urbain et, surtout, de la révolution commerciale qui a fait naître les grandes surfaces de périphérie pilotées par des groupes puissants. Les cafés et restaurants indépendants ont été à leur tour mis à mal par le développement des chaînes. Le vent est cependant en train de tourner. L'évolution des systèmes de valeurs, la démographie, les nouveaux enjeux de la mobilité et du développement durable, font que les grands pôles commerciaux de périphérie ont commencé de perdre une partie de leur attrait aux yeux de consommateurs plus sensibles aujourd'hui à ce qui leur paraît « petit », « proche », « authentique ». Le contexte est donc devenu plus favorable aux indépendants. Pour autant, la partie n'est pas gagnée, loin s'en faut. Ayant parfaitement identifié l'évolution du cours des choses, les grands groupes de distribution se sont engouffrés les uns après les autres dans ce commerce de proximité, au moyen de nouvelles enseignes, souvent en s'appuyant sur l'énergie de commerçants indépendants au travers de contrats de franchise. Les indépendants isolés doivent aujourd'hui faire face à la concurrence frontale, désormais devant leur porte, de la grande distribution. Il n'est pas sûr qu'ils soient en mesure de pouvoir répondre à la puissance d'achat de leurs nouveaux concurrents, à la définition chirurgicale de leurs assortiments et de leur tarification, à l'attrait exercé par des enseignes fortes relayées par d'importants budgets de communication, des systèmes de fidélisation... Pascal Gayrard refuse cette fatalité. Et cette posture – crédibilisée par le fait qu'il est lui-même issu de ce commerce indépendant – est un puissant facteur d'incitation pour METRO à trouver les voies permettant de soutenir ces dizaines de milliers de petites entreprises qui font son activité. De simple cash & carry, METRO, sous l'impulsion de Pascal Gayrard, étend son bouquet de services en intégrant conseils et préconisations, pour aider ses clients à gagner en compétitivité. Prenons la formidable réussite des boulangers : grâce à l'appui des meuniers, ils ont réussi, par leur modernisation, l'élévation de la qualité des produits et le développement de nouveaux services, à stopper l'avancée des grandes surfaces et à contrer la baisse en volume de leur marché par plus de valeur ajoutée, cette réussite doit encourager Pascal Gayrard et ses équipes à poursuivre dans cette direction et, par là, contribuer à la richesse et la diversité du tissu commercial et artisanal dans notre pays.

L'ambition qui a conduit Pascal Gayrard à écrire ce livre était de donner espoir et de fournir des conseils aux jeunes managers. C'est peut-être moins par les conseils formulés explicitement par Pascal Gayrard que son livre peut être utile aux jeunes (et aux autres...), mais par l'humanisme qui ressort de son propos et la rigueur des lignes directrices auxquelles il s'est efforcé de rester fidèle tout au long de sa vie.

Philippe Moati[1]

---

1. Professeur d'économie à l'université Paris-Diderot et coprésident de l'Observatoire société et consommation (ObSoCo).

Introduction

Partager. C'est la seule ambition de ce livre. Donner à d'autres un peu de ce que la vie m'a apporté et appris. Trop jeune encore pour écrire mes mémoires, pas assez vaniteux pour rédiger mon autobiographie, j'ai cependant le sentiment, en mesurant le chemin parcouru, que l'évocation des épreuves que j'ai traversées, des pièges que j'ai su éviter mais aussi des joies que j'ai éprouvées et des passions qui m'animent comme au premier jour, pourrait être utile, notamment à ceux qui, à l'âge parfois déroutant où l'on forge ses premières armes, hésiteraient à se lancer dans la bataille. Si, à travers mon témoignage et au fil de ces pages, je contribue à les rassurer et à les convaincre que c'est possible pour eux aussi et ce, quels que soient leur milieu social ou leur niveau d'études, j'aurai atteint mon objectif.

« Vous qui avez réussi, expliquez-moi comment il faut s'y prendre. » Maintes fois, un jeune collaborateur plein d'enthousiasme m'a posé cette question, comme si je détenais quelque secret ou sésame que l'on n'enseigne pas dans les universités ou écoles de commerce. Réussir… Je ne sais pas très bien, moi-même, ce que l'on entend par là. Un rêve d'enfant réalisé à l'âge adulte, une vertigineuse escalade sociale, une revanche sur l'adversité ou sur l'obstination maladroite de mes professeurs du lycée ? Mais, peut-être, ce qui intrigue, voire déconcerte certains, dans mon parcours professionnel atypique, est-ce simplement que je ne sois pas passé par l'une de ces grandes écoles mais par les sentiers buissonniers de l'apprentissage sur le terrain, de la transmission d'un savoir-faire paternel et de l'amour du bel ouvrage qu'éprouve l'artisan ? À l'instar de Françoise Giroud, alors ministre, interpellée publiquement par un député de l'opposition qui, cherchant à la déstabiliser, l'interrogeait sur son niveau d'études (elle n'avait qu'un diplôme de sténodactylo), je pourrais dire, moi aussi, que je suis essentiellement « agrégé de la vie ». Et rebelle à tout carcan, à tout dogmatisme.

Aveyronnais et fier de l'être, je fais partie de ces émigrés de l'intérieur qui sont montés à Paris pour travailler dans les métiers de la limonade. Mon grand-père et mon père étaient bougnats, ces marchands de charbon et de vin, des travailleurs acharnés, tendres dans leur cœur mais aux abords si rudes. Mes parents tenaient un café et c'est dans cet univers convivial et exigeant du petit commerce indépendant, des artisans amoureux de leur métier, attentifs à leur clientèle et si proches d'elle, que j'ai grandi. C'est là, en les regardant vivre, que je me suis nourri de leurs valeurs.

Une exigence professionnelle, une proximité du client et des valeurs que j'ai voulu transmettre – et que je défends depuis vingt ans – au sein de METRO Cash & Carry France, dont je suis aux commandes depuis six ans. Aujourd'hui je suis fier que mes quelque dix mille collaborateurs les aient adoptées et mises en pratique dans leurs différents métiers. Parmi ces convictions, celle qu'un manager responsable ne doit jamais sacrifier aux calculs à court terme, aux effets de manche et au culte de la performance à tout prix : la responsabilité sociétale et une vision futuriste. C'est cette aventure faite de passion, mais aussi de ténacité, que je veux partager aujourd'hui avec les lecteurs qui me font l'honneur de s'intéresser à ce modeste ouvrage. En formulant, une fois encore, le souhait que, notamment les plus jeunes d'entre eux, puissent y trouver, sinon quelques clés, du moins des raisons de croire en leur étoile et de tracer leur route. Avec force et enthousiasme. À l'approche de ma soixantième année, je crois que tout est encore possible. Puisse votre réussite être contagieuse et qu'à votre tour vous aidiez tous ceux qui, comme vous et moi, ont envie, car le désir est la clé. Merci.

1

L'école de la vie

Il aurait pu briser mon existence et, longtemps, je l'ai haï pour son incompétence et sa méchanceté. Mais aujourd'hui, parvenu à l'âge mûr et mesurant le chemin parcouru en dépit de ce désastreux départ, je me demande si, d'une certaine façon, je ne lui dois pas une fière chandelle, à cet irresponsable professeur de sixième du lycée Paul-Lapie de Courbevoie.

C'était un gris et froid matin de novembre 1964, pendant la classe de français. J'avais douze ans à peine. Fils et petit-fils de bougnats, je veillais, depuis la rentrée au « grand lycée », à ne pas trop me faire remarquer. Certains élèves, mais aussi des enseignants, m'avaient fait sentir, par une réflexion ou des questions déplacées sur le métier de mon père et le quartier ouvrier de Courbevoie où j'habitais, que, décidément, nous n'appartenions pas au même monde.

Pourtant, ce jour-là, quand M. Griffon nous demande, lors d'une explication de texte où il est question, je crois, de l'enfance de Mozart : « L'un d'entre vous sait-il jouer d'un instrument de musique ? », je ne peux m'empêcher, radieux, de lever fièrement le doigt. Un de mes voisins fait de même et, bien sûr, c'est à lui, qui habite les beaux quartiers de Courbevoie, que notre professeur choisit de s'adresser en premier. « Je fais du piano », fanfaronne-t-il. « Félicitations, vous deviendrez peut-être le nouveau Mozart un jour », s'exclame, complice, M. Griffon devant la classe admirative. Puis il se tourne vers moi, me toise, et me lance en ricanant : « Et vous, Gayrard, vous n'allez tout de même pas me dire que, vous aussi, vous savez jouer du piano ? »

Naïvement, et surtout trop heureux de faire partager ma passion et celle de mes parents, excellents danseurs et fiers de mon jeune talent de musicien, je ne sens ni la perfidie de sa remarque ni le piège qu'elle annonce et qu'il me tend obligeamment. « Non, monsieur, moi, je joue de l'accordéon ! » L'éclat de rire, prémédité et heureux, de notre professeur déclenche évidemment celui de la classe. Des larmes de honte et de colère me montent aux yeux, mon front s'empourpre. M. Griffon a atteint son objectif, j'ai le sentiment de vivre une injustice, je serre tellement les poings que mes ongles blessent la paume de mes mains. Je sais bien que l'accordéon est appelé « piano du pauvre » mais, ce jour-là, je comprends que cette formule, positive pour moi, n'est aujourd'hui que l'instrument du mépris et de la méchanceté de cet adulte qui cherche à se faire valoir du reste de la classe. Ce sentiment révoltant, je vais le revivre au lycée quelques semaines plus tard. Dans la cour de récréation, un surveillant gifle devant moi un de mes camarades sous prétexte que celui-ci se bagarrait avec un copain qui venait de le provoquer et de l'insulter. Je m'interpose et, pour éviter, à mon tour, une claque du surveillant, je l'attrape à bras-le-corps, ce qui me vaudra un avertissement. Me voilà désormais totalement démotivé pour mes études, hormis le dessin, le sport et les cours de musique, malgré le peu de passion que nous communique le professeur. Un peu plus tard, je suis renvoyé du lycée par décision du conseil des professeurs.

Mes parents, qui se saignent aux quatre veines pour me payer des études qu'ils n'ont pas eu, eux, les moyens de poursuivre, sont consternés et surtout très inquiets pour mon avenir. Ils ne m'accablent pas pour autant, m'appelant à prendre mes responsabilités et à surmonter cet échec. Je ne leur dis rien de l'humiliation que j'ai subie en cours de français, je ne sais si j'ai voulu les protéger en

gardant pour moi ce lourd secret ou si j'ai été incapable d'en parler. Bientôt, un pseudo-conseiller
pédagogique décrète que la seule option qu'il me
reste est d'intégrer un collège technique pour
m'y initier à la mécanique générale, laquelle me
fait horreur. Je suis abasourdi par cette absence
d'écoute que je ressens comme une nouvelle
preuve de l'injustice et de l'incompétence des professionnels de l'Éducation. Ils s'obstinent à vouloir
me mettre de force dans le moule – sans doute y
avait-il un manque de main-d'œuvre dans ce secteur ? –, mais ils ont juste omis de me demander
mon avis. J'en veux à la terre entière, et même au
ciel, auquel je ne crois plus guère, au point que,
le jour de ma communion solennelle, mes parents
m'imposent de porter une aube de crainte que,
d'un geste rageur, je n'arrache mon brassard blanc
de communiant avant la cérémonie. C'est pour
moi le début d'une rébellion que je livrerai toute
ma vie contre l'absurdité et le dogmatisme. Plus
tard j'ajouterai à cette liste noire la vision à court
terme, l'égocentrisme, le corporatisme, l'étroitesse
d'esprit... et bien d'autres choses encore.

Heureusement, pour être simples et autodidactes, mes parents vont montrer plus de psycholo-
gie que les navrants éducateurs que j'ai rencontrés
lors de mon bref parcours scolaire. « Tu ne choisis
pas la voie la plus facile, mon garçon... Il va falloir que tu travailles deux fois plus que tes autres

camarades si tu veux te faire un jour une place au soleil », me dit, un soir, en soupirant, mon père, qui réalise que j'abandonne le lycée sans le moindre bagage, pas même le certificat d'études, puisque je suis sorti de la salle d'examen avant la fin de l'épreuve, n'acceptant pas une remarque selon moi trop autoritaire d'un surveillant. Dans le café, dont les rideaux sont tirés et le store baissé, ma mère, attablée à ses côtés, ajoute avec un sourire à la fois triste et indulgent : « Mon chéri, c'est ta vie que tu es en train de construire. Fais ce que tu veux mais fais-le bien. Papa et moi, nous t'aiderons comme nous le pourrons. »

Je retiendrai la leçon et l'appliquerai tout au long de mon existence avec une infinie reconnaissance. De façon providentielle, Mai 68 et ses grèves interminables mettent bientôt fin au calvaire de mes études imposées en mécanique générale. Amis de mes parents, plusieurs adultes, pédagogues bons et généreux, vont m'aider à sortir de cette mauvaise passe, à redresser la tête en me remotivant magnifiquement. Au tout premier rang de ces bienfaiteurs auxquels je garderai une reconnaissance éternelle figure mon professeur de musique, André France, fantastique accordéoniste et arrangeur qui, pendant des années, m'a compris et m'a permis de m'exprimer en majeur ou en mineur. André était un rassembleur. La musique, c'était la famille, des copains à n'importe quelle heure du jour ou de la nuit, sans aucune rivalité car André savait harmoniser les différentes personnalités qui l'entouraient. Et puis il y a eu « tonton Henri », Henri-Martin Fallot, musicien accompli lui aussi, homme de partage, simple et courageux, handicapé jeune, toujours partant, cultivant le « même pas mal ! », il a été mon parrain des jours où je doutais, toujours avec la blague et la bonne parole, sans jamais se défiler ni rien demander en échange. Il y a aussi Pierre Marty, qui m'initiera avec patience à la technique photo dans le studio Photomnium, rue Chaptal à Levallois. Je deviens, avec passion et gratitude, l'élève des deux premiers et l'apprenti du troisième. Tous vont me conforter dans le goût de la victoire et la joie que l'on éprouve à en dispenser autour de soi, et, en cultivant mes différences, vont me donner la preuve, par leur pédagogie, qu'il est possible d'être un « passeur ». Grâce à André France, je remporte de nombreux concours d'accordéon et, avec mes copains Raymond, Christian et bien d'autres, je fais danser des gens de tous les milieux, de toutes les professions, belle école sociale. Les dimanches, le café de mes parents se transformait en rendez-vous des amis, pour danser grâce à Gus Viseur, Jo Privat et Tony Murena quelques valses manouches, pasos et tangos qui faisaient tourner les couples du quartier commerçant où j'ai grandi et étudié le « doctorat de la rue » et des gens qui travaillent dur. Et puis je prends d'innombrables photos avec mon premier appareil, un Kinax 6 × 9 à soufflet. Un cadeau de mon père, attendri à force de me voir m'escrimer, depuis quelque temps, à bricoler d'improbables chambres noires avec des cartons et des loupes. Quant à mon oncle Roland, commerçant lui aussi, il me permet d'installer, rue de Bezons à Courbevoie, mon premier petit labo de développement photo dans l'arrière-boutique de sa boucherie. J'y passe de nombreuses heures dans l'odeur d'hyposulfite de sodium, de génol et d'hydroquinone…

Le bonheur est simple, et en donner aux autres, en animant et en immortalisant de quelques clichés que j'agrandis les bals, mariages, cafés-concerts alentour, suffit au mien. Hélas, cette année de mes quinze ans qui s'annonçait comme celle de l'in-souciance enfin retrouvée va soudain se muer en cauchemar. Un jour d'hiver, dans l'arrière-cour du café familial, je discute avec ma chère grand-mère, Marie, tandis qu'elle s'affaire à étendre le linge à l'étage. Mais voilà que, soudain, elle se penche un peu trop à la fenêtre pour atteindre le séchoir et perd l'équilibre. Sans qu'elle ait même poussé un cri, son corps frêle vient s'écraser à mes pieds.

De cette tragédie vécue à l'aube de mon ado-lescence, je garderai à jamais dans mon cœur la douloureuse cicatrice, sans pouvoir en parler. Fils unique, je n'avais personne sur qui m'épancher et j'ai été contraint d'affronter seul ce terrible traumatisme psychologique et affectif. En revisitant les blessures de mon enfance, je pense souvent à cette phrase de Friedrich Nietzsche : « Ce qui ne me tue pas me rend plus fort. » La mort atroce, sous mes yeux, de ma chère grand-mère, contrainte, faute d'avoir les moyens de se faire aider, de s'acquitter elle-même, à un âge avancé, d'éreintantes tâches ménagères, ainsi que les humiliations que j'ai subies en classe parce que j'appartenais à un milieu modeste m'ont à l'évidence contraint à réagir pour ne pas capituler. Si, heureusement, ces épreuves ne m'ont pas durci le cœur, elles m'ont poussé à me rebeller, de façon constructive, contre la cruauté de la vie, l'injustice et l'incompétence qui, hélas, vont souvent de paire avec la suffisance. Face à l'échec managérial et éducatif de mes professeurs d'école et du lycée, j'ai exprimé très jeune ma rage et ma violence dans la réussite par le travail. En tournant le dos aux a priori et certitudes toutes faites de mes pseudo-pédagogues pour me référer aux seules et solides valeurs de ma famille, sans les guides qui m'ont accompagné peut-être aurais-je évacué mes déceptions avec violence dans la rue.

Il est vrai que, en matière de valeurs morales et de travail, mes parents étaient des orfèvres. Dans la pure tradition aveyronnaise, ils croyaient aux vertus de l'honnêteté scrupuleuse, de la parole donnée, de la modestie et de l'entraide. Au café, avec les fournisseurs ou les clients, pas question de reçu ou de reconnaissance de dettes si l'on faisait crédit. Ils devaient tous mériter la confiance de mon père pour avoir le « droit » de se serrer la main, ce qui était le plus sûr de tous les contrats. « L'argent, c'est du travail amassé », répétait mon père. Pendant les mois d'été, jusqu'à mes quinze ans, je partais trois mois au pays, dans le village de mes grands-parents, Privezac, non loin de Villefranche-de-Rouergue où j'aimais tant participer, modestement et symboliquement, au ramassage des foins, aux moissons. À partir de mes quinze ans, je trouvais juste et naturel de travailler un mois pour gagner l'argent de mes vacances. À côté de chez moi, une fabrique de galeries de voitures m'embauchait comme manutentionnaire – mes premiers revenus musicaux et mes photos me permettaient d'acheter mon matériel, au comptant, dès que j'avais la somme soigneusement économisée. Avec les autres jeunes, on prenait le train dit des « petits rouerguats » et on chahutait joyeusement dans les compartiments et les couloirs des wagons, sous la surveillance bon enfant de bénévoles aveyronnais. Papa, pour payer le voyage, puisait au fond du mystérieux sac de plastique dans lequel, centime après centime, il constituait un pécule pour les vacances, pour acheter sa 403 d'occasion ou le terrain de notre future maison. Lorsqu'ils réussirent enfin à acquérir ce dernier, à Neuville-sur-Oise près de Cergy, mes parents, qui travaillaient déjà si dur la semaine, la bâtirent eux-mêmes, de leurs mains, pierre par pierre, pendant un nombre incalculable de week-ends. La nuit nous dormions sur place, à même notre chantier, dans une bicoque bricolée avec quelques planches et matériaux de récupération. Elle était de guingois, sans chauffage ni eau courante, mais tous les trois nous y étions extrêmement heureux. Chaque samedi soir, le voyage de Courbevoie à Neuville-sur-Oise était une bouffée de bonheur. Ce dimanche était le bref week-end de mes parents. J'étais si fier de le partager !

Combien de fois, à la fin d'une harassante journée, ai-je vu, ému, ma mère, épuisée mais toujours souriante, passer après la plonge la serpillière entre les tables du café ou astiquer le zinc tandis que mon père, noir de charbon, chargeait, le maillot trempé de sueur, les lourds sacs d'anthracite, de boulets et les jerricans de mazout sur sa vieille camionnette Renault pour les livraisons du lendemain à l'aube ? Dur au mal et généreux, il m'a répondu très naturellement, un soir que je l'interrogeais sur le nombre de sacs de cinquante kilos qu'il portait quotidiennement sur son dos : « Oh, aujourd'hui, fiston, j'ai dû livrer un peu plus de cinq tonnes, mais ne t'inquiète pas, tout va bien… » Ce que mon père omettait de me dire, tant il avait pour principe que « le bien ne fait pas de bruit et le bruit ne fait pas de bien », c'est qu'il faisait crédit à ceux qui, dans le besoin, auraient sans lui été incapables de chauffer leur famille pendant l'hiver. « On verra cela plus tard », disait-il avec un sourire à ces clients, travailleurs honnêtes eux aussi.

Ainsi, mes humanités, mes universités, furent d'observer mes parents et tous les artisans de mon quartier Bezons - Victor-Hugo de Courbevoie. En les voyant travailler, en admirant leur tour de main, je me suis nourri de leur savoir-faire, inspiré de leur amour du métier, de leur haute conscience professionnelle, de leurs valeurs, et de l'affection pour le quartier dans lequel ils vivaient. Cordonniers, boulangers, cafetiers, ferronniers ou encore matelassiers, rémouleurs, ce sont eux qui m'ont élevé au plein sens du terme, et décerné ce « diplôme de vie » cher à Françoise Giroud, la fondatrice du magazine *L'Express*. De même cette phrase, tirée d'un roman d'Istrati, écrivain roumain, et dont le personnage s'adresse à un enfant ayant vu un artisan à l'œuvre, résume parfaitement pour moi cette expérience irremplaçable : « Tu peux aller à l'école et apprendre à ton professeur ce que tu as vu ici. En un quart d'heure, tu en sais plus qu'en dix heures de classe. Tu as vu la vraie face du monde ! »

2

Ascension et rébellion

Mais que m'est-il passé par la tête ? Assis sur un tas de palettes de bois au milieu de cet immense bâtiment désaffecté, je tente de me convaincre, la tête dans les mains, que tout cela n'est qu'un mauvais rêve. C'est sûr, je vais me réveiller et bientôt retrouver la lumière du jour et ma lucidité. Dans la pénombre, tentant de surmonter ce moment de doute et de solitude, je me risque à rouvrir les yeux. Plafond éventré et noirci de fumée, murs tagués, c'est pourtant de cet ancien dépôt de la SNCF, dans le 18ᵉ arrondissement, hier encore cour des miracles squattée par des SDF, des dealers et des prostituées, que j'ai imaginé dès ma première visite faire le fleuron des points de vente de l'enseigne que j'aime et que je porte les couleurs. Dans ma poche, je saisis mon BlackBerry. L'heure et la date apparaissent sur l'écran : 18 heures, 20 novembre 2006. J'ai cinquante-quatre ans, je suis depuis sept mois le directeur général de METRO France, je dirige avec fierté et bonheur une dizaine de milliers de collaborateurs et les résultats financiers sont excellents. Alors comment me serais-je cette fois fourvoyé à ce point ?

La réponse tient en ce seul mot qui régit toute ma vie : oser. Et surtout ne pas rester immobile. Oser prendre un risque inouï alors que tout allait bien, c'est exactement ce que je viens de faire en décidant, contre l'avis amical de beaucoup, et malgré d'innombrables chausse-trapes administratives et juridiques, d'investir plusieurs millions d'euros dans cet endroit de prime abord si peu avenant. Nombreux sont mes collègues qui jugent alors insensé d'ouvrir le tout premier entrepôt au cœur de la capitale, et non plus dans sa banlieue. Les raisons invoquées ? La loi, le corporatisme de certains de nos concurrents, les idées reçues, la préférence de solutions plus politiquement correctes, j'ose dire aussi une certaine recherche de tranquillité ont contribué à ce que jusque-là l'idée même de ce projet soit écartée sans même qu'on prenne le temps de l'examiner et d'écouter l'avis des restaurateurs, bars et épiciers à proximité.

Déjà, en 1999, alors directeur régional de l'Île-de-France, j'étais frustré de ne pas pouvoir servir mes clients du centre de Paris sans leur imposer un long trajet pour rejoindre les lointains points de vente situés au-delà du périphérique.

« Vous êtes fou ! Et si vous persistez, sachez que vous n'aurez pas le droit à l'échec, sinon… ! » Trois heures durant, prostré dans le sinistre bâtiment pour lequel j'ai signé un contrat sans même attendre l'autorisation de l'Administration française qui, comme toujours, tardait trop à arriver, je me remémore la discussion que j'ai eue avec mon président. Alors qu'il se préparait à me céder son fauteuil, tout en m'assurant de son soutien, avec une certaine gravité il m'a dit : « Vous avez raison sur la stratégie, mais vous allez être seul, il va vous falloir convaincre et gagner, alors je vous souhaite vraiment bon courage, Pascal… »

Si j'échoue, ma spectaculaire ascension, en moins de quinze ans, jusqu'au sommet de la hiérarchie – en France – de cette entreprise, sera réduite à néant. Pourtant, sourd aux sombres oracles de ces Cassandre, parmi lesquels, évidemment, ceux qui craignent la concurrence et s'ingénient à me mettre des bâtons dans les roues, je persisterai à suivre mon instinct, convaincu qu'il faut implanter ce premier entrepôt parisien au plus près de notre clientèle de commerçants indépendants afin de leur faciliter la vie. Le nom de code sera P18, P comme rue des Poissonniers. L'histoire me donnera raison, bien au-delà de mes espérances. D'emblée, ce premier entrepôt grossiste intra-muros, ultramoderne, fonctionnel et élégant, se révèle être un franc succès : dès la première année d'activité, les restaurateurs, patrons de bars et cafetiers des arrondissements du nord et de l'est de la capitale affluent et les résultats s'envolent. Satisfaction amplifiée par les relations créées avec nos voisins, qui nous voient comme un acteur positif, ce que j'avais promis à Daniel Vaillant, député-maire de l'arrondissement, et son équipe. Là encore, les résultats financiers doivent être équilibrés par la démonstration de la responsabilité sociétale.

Serait-ce encore la conséquence des moqueries des professeurs d'école ou du collège ? Je me rebelle chaque fois qu'on veut tempérer mon envie d'avancer, mon non-conformisme, ou me dissuader de m'engager dans une voie à laquelle je crois profondément. Certes j'écoute les conseils des collaborateurs auxquels je fais confiance, et j'obéis aux ordres de ma hiérarchie lorsqu'ils sont formels et que je les considère fondés. Mais il ne faut jamais me dire que je n'y arriverai pas, sous-entendre que l'obstacle à franchir est trop haut pour moi, ou non politiquement correct. Loin de me dissuader, ces mises en garde agissent sur moi comme un stimulant. Ce n'est pas seulement une réaction d'orgueil, d'amour-propre blessé. C'est un principe de vie, presque une question de survie. Quand tout va trop bien, j'ai le sentiment d'un danger imminent. Je m'étonne des gens qui n'analysent pas pourquoi ça va, cette incapacité à comprendre pourquoi il fait beau ne peut à mon avis qu'attirer la tempête. Tous les bons changements se font en période prospère et non pendant les crises. Pour moi, et plus encore pour l'entreprise, je ressens comme un manque d'air en toute période calme sans projet. Trois ans c'est, en ce qui me concerne, le cycle maximum de la quiétude et chaque année, chaque moment doit être riche en nouveaux projets. « La seule chose dont il faut avoir peur, c'est d'avoir peur », disait Roosevelt. Ce qu'il faut, lorsqu'on dirige une entreprise, c'est se fixer toujours de nouveaux challenges, se tenir aux aguets, être toujours en situation de flairer une opportunité, d'anticiper un danger. Être prêt à agir ou réagir. Les équipes ont besoin d'une entreprise tournée vers le futur, innovante, courageuse, qui donne envie et confiance. L'oisiveté est la mère des problèmes sociaux, l'incertitude et le manque de rythme font partir les meilleurs collaborateurs.

J'ai la chance, à la campagne, d'élever quelques chevaux. Je leur ressemble un peu : toujours sur le qui-vive. Au pré, s'il est seul, un cheval ne se couche jamais, il ne s'endort pas, il guette, « il est sur l'œil ». En entreprise, ce devrait être la même chose car rien n'est plus périlleux que de se laisser bercer par la routine ou de se reposer sur ses lauriers après un exercice particulièrement satisfaisant ou la conquête d'une position leader sur un marché.

Il n'y a pas, à mon sens, de réussite sans prise de risque professionnel. Ainsi, dans toute ma carrière, je n'ai jamais eu à demander une augmentation de salaire. Chacune des marches que j'ai pu gravir l'a été en prenant ou en acceptant de prendre un risque. J'aurais pu me fondre dans le moule, me contenter, en m'acquittant consciencieusement au quotidien de mon travail, d'attendre sereinement une promotion à l'ancienneté. Mais je ne suis pas de nature à me borner à une feuille de route et il me faut m'aventurer hors des sentiers balisés. Plutôt que de renoncer à mes convictions, je dis « non » mais c'est toujours un « non » que je veux mobilisateur et constructif. Et quand je ne suis pas d'accord pour faire quelque chose, j'entends toujours agir vis-à-vis de ma hiérarchie en toute franchise, en toute transparence, en proposant le scénario que je pense opportun pour le collectif, la compagnie. Je combats ceux qui usent du « non » bloquant, et du oui politique qui n'est suivi d'aucun résultat.

La première personne, après mon piètre conseiller d'orientation du collège, à m'avoir ainsi piqué au vif en m'annonçant que j'allais échouer à coup sûr si je ne suivais pas ses sages conseils et persistais à n'en faire qu'à ma tête, fut le gérant d'un magasin de photo avec qui j'ai travaillé un moment. Chez lui, j'avais réussi à me faire une situation correcte, gagnant plutôt convenablement ma vie entre mes propres reportages photo pour l'industrie et la publicité, mon travail au labo et au magasin, et mes compléments musicaux. Mon premier mariage n'était pas propice à l'aventure, à la prise de risque, et ne correspondait donc aucunement à ma vie de travailleur indépendant. Mon ex-épouse m'avait bien fait comprendre qu'il fallait au plus vite que je trouve un emploi plus stable et salarié. Photographe et musicien intermittent du spectacle, ce n'était pas sérieux. J'en ai parlé à mon patron de l'époque qui, soucieux de m'empêcher, selon lui, « de faire la bêtise de ma vie », de « lâcher la proie pour l'ombre », m'agita le spectre du chômage, de la précarité… Si je n'étais pas encore très décidé à lâcher ce premier emploi en dépit de la pression familiale, les vives mises en garde du propriétaire de ce magasin de photo du 15e arrondissement, qui fut en quelque sorte l'allier objectif de mon épouse, allaient, justement, me convaincre de me jeter à l'eau. « Vous savez, Pascal, me répétait-il avec beaucoup d'assurance, en changeant, vous ne gagnerez certainement pas des mille et des cents. Ici, au moins, vous avez une situation sûre… » Même si je n'ai pas tenu compte de son amicale mise en garde, je ne le remercierai jamais assez, comme tous ces autres mentors et passeurs qui ont su me transmettre ce qu'ils savaient et que j'ai eu la chance de rencontrer sur mon chemin.

Quelques jours plus tard, à trente ans, ce qui était déjà un peu « vieux » par rapport à mes collègues de l'époque, qui avaient plutôt entre vingt-trois et vingt-cinq ans, j'entre comme chef de rayon de la chaîne Euromarché, à Rennes, après un stage de six mois à Toulon. J'y vais à reculons. D'abord parce que j'aimais mon métier de photographe et l'indépendance qu'il me donnait, mais aussi parce que, pour moi, la grande distribution, c'était l'ennemi du petit commerce si cher à mes parents. Aller travailler dans cet univers, aux antipodes du petit « café bois et charbons » et autres commerces familiaux, c'était en quelque sorte une démarche contre nature à mes yeux. Mais une fois dans l'action je me suis pris au jeu et j'ai foncé en faisant appel essentiellement à mon intuition. À mon grand étonnement, bien que sans formation managériale et entrant en terra incognita, j'ai rapidement réussi à rendre mon équipe plus performante. Elle m'a accepté, suivant avec enthousiasme mes directives guidées par le savoir accumulé chez tous mes professeurs de quartier, les commerçants et artisans de ma rue, et nous avons obtenu, ensemble, d'excellents résultats. Je suis ainsi resté dix ans au service de cette belle enseigne de la grande distribution dirigée par Gérard Seul, véritable homme de commerce, en déménageant, presque chaque année, d'une province à l'autre au gré de mes nouvelles affectations et promotions, des rencontres avec des hommes fantastiques, de vrais patrons meneurs d'hommes. J'ai eu l'opportunité d'être chef de département, responsable du merchandising, directeur d'hypermarchés de plus en plus importants… Des échelons le plus souvent franchis à l'occasion d'une prise de risque ou d'un refus intuitif de sacrifier à la norme établie. Comme le jour où j'ai estimé désastreux le choix, par la hiérarchie, de certains articles du catalogue.

C'était une opération commerciale dite « confort de la maison », menée par le magasin de Rennes où j'avais pris, au bout de sept mois de présence dans l'entreprise, la responsabilité du département Bazar lourd (produits non alimentaires, techniques). Il s'agissait de meubles en bois blanc importés des pays de l'Est, très laids et de mauvaises qualités. « Ces meubles que la centrale d'achat nous a commandés, je refuse de les mettre en vente : ils sont à vomir ! » me suis-je exclamé devant mon équipe dans la zone de réception des marchandises. Silence embarrassé dans les rangs de mes vendeurs, qui m'étaient très attachés et redoutaient, avec ce coup de tête, ma fin prochaine… Je décide donc de refaire moi-même le catalogue et de commander à d'autres fournisseurs non référencés des articles d'un meilleur goût que ceux imposés par le groupe. Une standardiste m'avertit le lendemain que le directeur régional cherche à me joindre, il veut me parler d'urgence. Il m'appelle en direct. C'est très mauvais signe, je connais l'importance des baronnies de la grande distribution et leurs oukases. Évidemment, je n'annule pas pour autant ma commande sacrilège. « Alors, il paraît que j'ai un goût de m... et que je suis le dernier des c... ? » éructe bientôt mon directeur régional au téléphone. J'essaie de lui expliquer calmement toute l'estime que j'ai pour lui, même si, effectivement, je reconnais avoir critiqué sévèrement l'assortiment des produits qu'il a choisis car ils ne me semblent nullement en phase avec les attentes de notre clientèle. Il n'insiste pas mais me fait clairement comprendre que je devrai en assumer les responsabilités si cette opération commerciale se solde par un échec. La preuve, comme toujours, se fera par les chiffres. Avec notre catalogue rebelle, nous réalisons bientôt, à Rennes, le double du chiffre d'affaires à périmètre comparable des autres hypers du groupe... Beau joueur, le directeur régional se déplacera à Rennes pour me féliciter, ainsi que mon équipe. Je me suis dit intérieurement : « Ça marche ! » et j'ai essayé d'analyser pourquoi je réussissais dans ce nouveau métier. Il me paraît tout aussi important d'analyser les raisons de ses victoires que de ses défaites.

Pourtant, cet épisode heureux de ma jeune carrière ne fut rien à côté de celui que j'allais vivre du côté de ma vie privée... Une nouvelle ère allait en effet s'ouvrir avec la rencontre de celle qui deviendrait, pour mon plus grand bonheur, ma nouvelle épouse. Un bonheur ineffable qui se poursuit depuis vingt-neuf ans. Après mon divorce – inéluctable –, je me retrouve célibataire pendant plus de un an. La chef de caisse de l'Euromarché Cesson-Sévigné me présente alors une de ses amies, une certaine Évelyne. Coup de foudre réciproque. De l'époque de cette providentielle rencontre, je me souviens d'une nuit d'orage où nous faisions la route, entre Paris et Cesson-Sévigné, ville où je résidais encore. Il y avait de terribles rafales de vent. La chute d'une branche d'arbre cassa le pare-brise de la voiture et nous dûmes l'abandonner sur le bord de la route vers La Ferté-Bernard. Il devait être 1 heure du matin et il n'y avait pas âme qui vive. Notre seule ressource, pour ne pas rester sur le bas-côté et sous la pluie battante jusqu'au matin, fut de faire signe à un camion, le seul véhicule aperçu au bout de deux heures sur cette route déserte. Le conducteur accepta de nous emmener à condition que nous montions à l'arrière car ils étaient déjà trois dans la cabine. Ce routier transportait des centaines de kilos d'huîtres qu'il allait précisément livrer chez… Euromarché à Rennes ! Ce voyage en amoureux avec ma future femme, tous deux indifférents à l'inconfort des cageots sur lesquels nous étions installés comme au froid qui régnait dans ce camion, fut sans doute le plus beau de ma vie. Dès lors on ne s'est plus jamais quittés et sans elle je ne serais certainement pas parvenu où je suis actuellement. Être patron c'est connaître de grands hauts et de grands bas, et pouvoir compter sur une épouse et une famille constitue un atout inestimable. Car on est toujours seul au sommet d'une entreprise, qu'elle compte vingt ou dix mille employés.

Peu de temps après, de chef du département Bazar lourd, où je dirigeais une quarantaine de personnes, je suis successivement promu chef de file au niveau national sur les produits photo, directeur adjoint puis directeur d'hyper (400 salariés, 9 000 m²) et responsable de la pub... Cette prise de responsabilités fut exaltante mais elle reste, dans mon souvenir, assombrie par une expérience managériale négative et je regretterai toujours d'avoir appliqué trop docilement l'ordre que l'on m'avait donné. À cette époque, en 1989, on m'avait en effet lourdement suggéré de réduire les frais structurels d'un point de vente que je dirigeais et conseillé d'« alléger la structure ». Manque d'expérience ? Envie de démontrer trop vite ? Je m'en veux encore de ne pas avoir davantage cherché une solution pour éviter de licencier bêtement dix de mes employés. Pour moi, ces licenciements constituent une erreur et une injustice dont je me sens encore aujourd'hui responsable. Cela fait partie de mes blessures. L'homme, dans une entreprise, est ce qu'il y a de plus important. Certes une entreprise ne peut se payer le luxe de tomber dans la démesure sous prétexte de préserver l'emploi. Au contraire, je suis pour les structures adaptées, les seules qui permettent une productivité forte, et donc une existence durable, mais tout cela s'anticipe. Le licenciement économique est parfois la conséquence de mauvaises décisions préalables, de manque d'anticipation ou de fuite en avant. Ce jour-là, j'aurais sans doute dû me rebeller clairement contre cette injustice faite à ces collaborateurs, ne pas accepter la fatalité d'un plan social et ne pas appliquer bêtement la consigne, même si, à l'époque, la mentalité de certains dans la grande distribution était très cynique, on s'attirait facilement ce genre de reproche moqueur : « Tu ne vas quand même pas faire du social ! » Mieux que dans une école de commerce, sur le terrain on apprend tous les jours à mieux manager, avec exigence mais aussi humanité. C'est cela qui vous fait grandir et progresser, quelquefois dans la douleur, qu'il faut apprendre à garder pour soi.

Rebelle, je vais pourtant l'être un peu plus tard chez Euromarché, au point de quitter le groupe. J'étais un directeur connu et reconnu où j'avais successivement été aux commandes, avec de très bons résultats, de trois beaux hypers de l'enseigne : Saint-Quentin-en-Yvelines (comme directeur adjoint), Belfort et Mulhouse. Je venais même d'être augmenté substantiellement, sans rien demander, obtenant un niveau de salaire qui n'existe plus aujourd'hui pour ce genre de poste dans la grande distribution. Mais, outre que je commençais de nouveau à m'ennuyer, j'étais contrarié car je trouvais que l'entreprise de commerce se muait en entreprise financière : la recherche du profit immédiat destructeur de pérennité importait plus que celle de la prise de part de marché et la satisfaction du client. On nous invitait à moins nous préoccuper de notre compétitivité. Bref, profondément hostile à une gestion à court terme, qui ne peut mener, selon moi, que dans le mur, je ne me sentais plus en phase et avais envie de tourner la page et d'entamer un nouveau chapitre de ma vie professionnelle.

Fort du soutien affectif d'Évelyne, qui rassemblait avec intelligence mes trois filles, Julie, la plus jeune, issue de notre union, Cécile et Stéphanie – lesquelles, bien que vivant sous le toit de leur maman, faisaient intimement partie de notre vie –, mais aussi ses enfants d'un premier mariage, Marc et Édith, auxquels sont venus s'ajouter mes neuf petits-enfants, je me suis lancé avec enthousiasme dans une nouvelle aventure professionnelle : celle de METRO, où je gravirais rapidement tous les échelons. Dans une carrière c'est comme pour la musique, il faut s'astreindre à ne pas jouer toujours le même morceau, celui qu'on connaît par cœur, et se risquer à de nouvelles partitions plus ardues. Il faut voir de quoi on est capable, jusqu'où on peut aller. Ce n'est pas tellement une question d'ambition, c'est le goût du challenge, le plaisir de se dépasser. Et, lorsqu'on a l'esprit rebelle et le goût du risque, s'ajoute l'audace de ne pas se contenter de la norme établie, de la voie tracée, mais d'en explorer de nouvelles. Je pense que l'inconfort pousse certains hommes à la performance, mais pas tous. Un groupe a tout intérêt à avoir des rebelles constructifs parmi ses cadres, ils sont la force de proposition qui permet d'avancer et de ne pas s'endormir. Quand on a une idée et que l'on est sûr de sa pertinence, il faut chercher à l'imposer, même si on a peur de se « crasher ». C'est aussi cela qui crée l'adrénaline dont les vrais entrepreneurs ont besoin. Ainsi, un dirigeant rebelle, c'est une sorte de pilote d'essai qui prend des risques parfois inouïs au service du progrès de son entreprise.

Peu après le décès de Gérard Seul, que j'admirais beaucoup et qui m'avaient fait tout de suite confiance, la fâcheuse tendance au court terme s'est accentuée. On nous a demandés, en 1991, d'augmenter sensiblement les prix et de réduire drastiquement les frais généraux. Il était assez clair que le groupe allait être vendu et qu'il fallait montrer à l'acquéreur que l'entreprise valait cher. J'ai refusé de me plier à cette manœuvre, que je jugeais très préjudiciable pour l'avenir du groupe, et je l'ai fait savoir. J'ai pris le risque de m'en aller alors que je gagnais fort bien ma vie. Mais je préférais repartir de plus bas dans la hiérarchie d'une autre entreprise, avec un salaire moins élevé, plutôt que rester en portant à mes équipes un discours auquel je ne croyais pas et qui mettait en péril l'entreprise. Je ne voulais pas être bien payé pour porter un discours auquel je ne croyais pas. C'est ainsi que je suis entré chez METRO Cash & Carry France, au printemps 1992, comme directeur de site. J'ai d'abord pris la responsabilité de l'ouverture de l'entrepôt de Limonest, puis de celui de Chennevières, en région parisienne, l'un des plus importants sites de l'enseigne à l'époque. Bientôt, je suis successivement promu directeur régional pour l'ouest de la France, pour l'Île-de-France et directeur des opérations de METRO Italie. Les résultats étant bons dans la péninsule, je suis alors rappelé à Paris pour prendre la direction des opérations de la filiale française auprès de Michel Arnoult, président de l'époque, qui me félicita pour mon travail. Il avait cerné le rebelle constructif que j'étais et m'a demandé de mettre en œuvre et d'accélérer différents projets qu'il savait cohérents avec mes convictions. Nouveau cycle de trois ans à la fois agréable et passionnant pendant lequel de nouvelles initiatives seront prises et adoptées par d'autres filiales à l'étranger. Par ce passage d'un pays à l'autre, pourtant si voisins, j'ai aussi appris à admettre que tout ne se copie pas, qu'il faut plutôt valoriser les différences, les spécificités locales, sans homogénéiser tout par principe.

En mars 2006, je suis nommé directeur général de METRO Cash & Carry France, avec la responsabilité d'une dizaine de milliers de collaborateurs.

3

Le métier de chef d'entreprise : douze conseils à un jeune manager

Il ne s'agit pas de recettes miracles ni d'un cours de management en douze points. Simplement de quelques réflexions de bon sens nées, au fil des ans, de mon expérience. Puissent ces clés, à défaut d'ouvrir toutes grandes, tel un sésame, les portes de la réussite, permettre au moins à ceux qui se lancent dans l'aventure de l'entreprise de gagner un temps précieux et d'éviter certaines erreurs de débutant.

Savoir s'entourer

C'est primordial pour un chef d'entreprise, surtout si celle-ci est de taille importante. Cela va de pair avec « savoir déléguer » car on ne peut évidemment pas être partout ni tout maîtriser parfaitement, notamment sur le plan technique. Le patron doit certes très bien connaître la spécificité de l'activité et des produits de son entreprise, bien connaître son marché, son secteur et sa clientèle, mais il ne peut, ni n'a le temps, d'entrer dans tous les détails et doit laisser cela aux spécialistes, car, de plus en plus, les techniques évoluent, s'affinent, et on ne s'improvise pas patron du marketing ou du service financier. Au sommet de la hiérarchie, son rôle de généraliste est de prendre, tel un chef d'état major stratège, un certain recul, une certaine hauteur afin d'avoir la vision globale nécessaire pour anticiper et ne pas agir à court terme. Cela implique de se doter du bon entourage, d'avoir su, en amont, ne pas se tromper lors du choix de ses proches collaborateurs, d'avoir du flair lors de leur recrutement ou de leur promotion au sein de l'entreprise. Cela vaut aussi lorsqu'il s'agit de préparer sa propre succession. Il ne s'agit pas de s'entourer de gens qui nous ressemblent ou qui ne seraient que loyaux. Il faut miser sur la diversité et la complémentarité car on avance en s'enrichissant des différences. Il faut de tout pour faire une équipe performante : des universitaires, des autodidactes, des fonceurs, des pionniers, des plus prudents, des guerriers, des diplomates… Le CV ne suffit pas. Il faut juger l'homme plutôt que les diplômes. Mieux vaut quelqu'un parlant mal l'anglais mais qui soit un bon professionnel motivé qu'un parfait bilingue inefficace et désabusé !

Attention aussi aux imposteurs du « je sais que je ne sais pas mais je ne le dis pas » ! Ce qui compte, c'est l'engagement, l'adhésion à l'entreprise, la passion et la maîtrise dans l'exercice de son métier. Se méfier des a priori en matière de recrutement : une femme peut faire un métier d'homme, un Italien peut très bien cuisiner ou vendre de la choucroute et un Allemand des pâtes fraîches, un Africain peut se révéler être en France un bien meilleur spécialiste du poisson qu'un Breton ! Écarter systématiquement les candidats qui arrivent avec des certitudes et privilégier ceux qui ont envie d'apprendre, de découvrir. N'oubliez pas de mixer les générations, mais aussi les tempéraments. Il ne s'agit pas de recruter pour soi mais pour l'entreprise et son devenir. Et savoir privilégier la loyauté du collaborateur vis-à-vis d'elle plutôt que vis-à-vis de soi.

Écouter son bon sens

Dans mon bureau, à côté des photos marquant les moments forts de l'entreprise, j'ai fait encadrer quelques citations ou dictons, souvent d'origine populaire, que je trouve pleins de bon sens. L'une de ces phrases, que je n'ai pas eu la vanité de signer, est de moi, mais ceux des collaborateurs qui pénètrent dans mon bureau la reconnaissent car ils m'ont souvent entendu la prononcer : « Quand on se réveille avec une certitude, il faut vite se rendormir. »

La certitude tue. Elle tue la réflexion et le questionnement sans lesquels il n'y a pas assez de réponses et d'alternative offerte qui permette de faire le bon choix. Le bon sens, c'est par exemple savoir à quel moment arrêter d'argumenter, de tergiverser, et passer du stade de la réflexion à celui de la décision. Quand décider ? Au moment où vous estimez avoir stocké assez d'informations pour vous faire une opinion. C'est à vous de décider quand vos collègues n'osent pas le faire, hésitent. Mais attention à ne pas tomber dans le piège de trop vous substituer à eux. Il faut aussi, et c'est le bon sens si vous êtes leur chef, les laisser prendre un certain nombre de responsabilités, sinon vous allez finir par décider de tout et sur tout !

Le bon sens, c'est aussi lutter, sans relâche et sur tous les fronts, pour la simplicité. Prendre garde au compliqué, ne pas se laisser noyer dans les méandres et détails d'une analyse d'experts sourcilleux, de groupes de travail qui se réunissent interminablement et coupent les cheveux en quatre. Je le reconnais, j'ai un a priori contre certaines réunions, surtout lorsqu'elles sont organisées par un « chef » qui n'ose prendre de décision seul, et qui tient à consulter deux ou trois collègues représentatifs. En provoquant cette réunion, il se couvre par une décision collégiale, il « ouvre le parapluie ».

Pascal Gayrard et ses parents
en août 1955 dans l'Aveyron

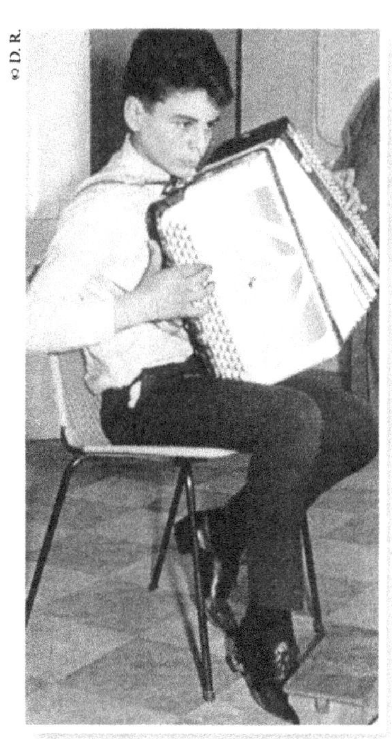

Pascal Gayrard lors du concours de l'UNAF
(Union Nationale des Accordéonistes
de France) en 1963

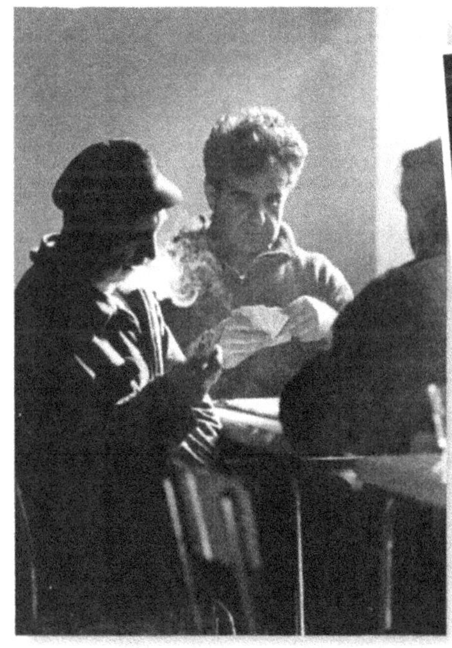

Une partie de belote
rue d'Alsace, à Courbevoie,
le père de l'auteur au centre

Les parents de l'auteur lors
d'un banquet aveyronnais

Le chantier de charbon
du père de l'auteur
à Courbevoie

La rue de Bezons
à Courbevoie

La mère de Pascal Gayrard
derrière le bar à Courbevoie

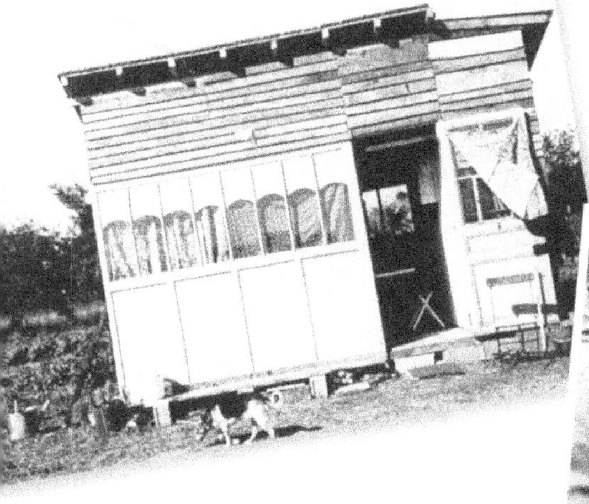

Baraque provisoire,
à Neuville-sur-Oise,
sur le chantier de leur
future maison

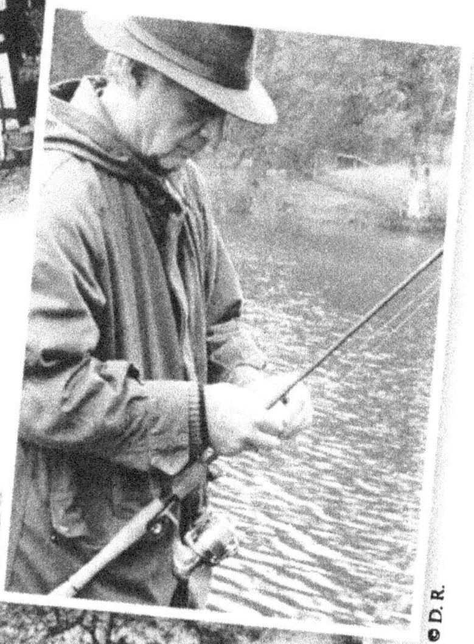

Pêche au lancer

© D. R.

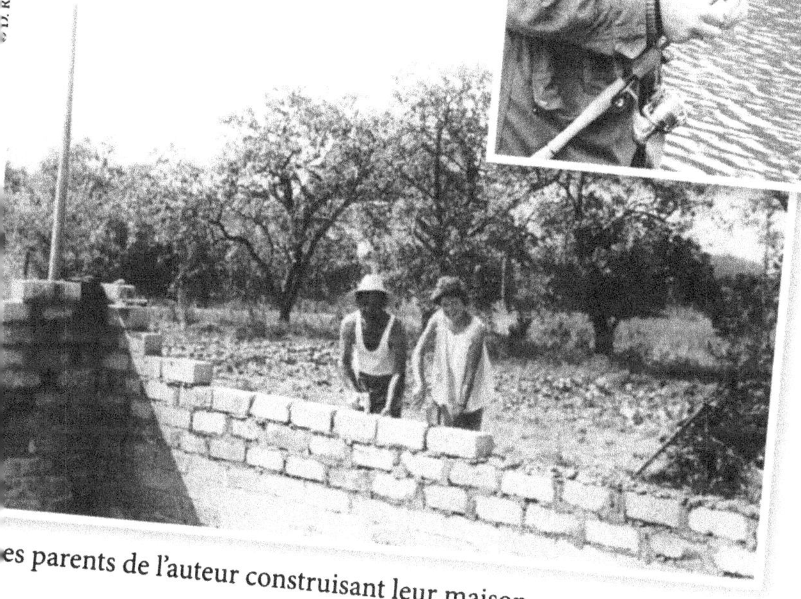

© D. R.

es parents de l'auteur construisant leur maison

Pêche à la mouche

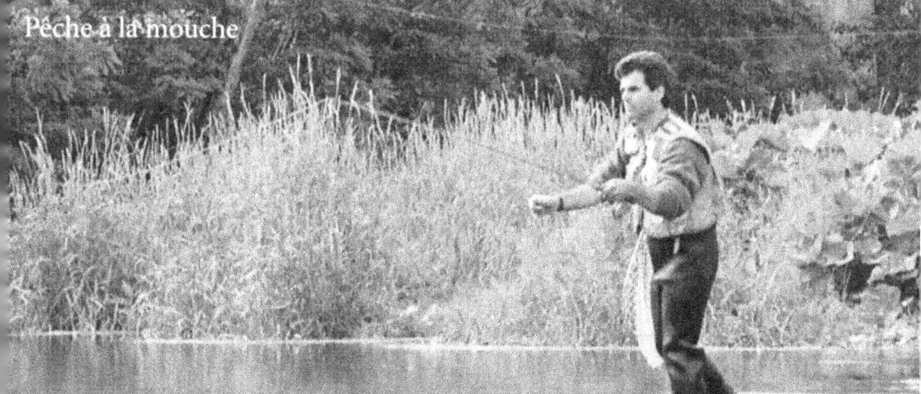

Concours
Ambassadeurs
METRO 2011

Inauguration de
la Fête des vendanges 2011

Remise des prix au concours
Bocuse d'or 2011

Signature, avec Frédéric Lefebvre
d'un partenariat avec la Fête de la gastr

Signature de la charte
Collecte Solidaire avec
la FNDE et la Banque
alimentaire

Tendance à combattre également : déléguer à un consultant qui prendra beaucoup d'argent pour vous dire sur PowerPoint ce que vous savez déjà.

Veiller au bon sens, c'est ne pas laisser le siège social exercer sa suprématie sur les équipes de terrain, c'est garder un équilibre en ne perdant jamais le sens des réalités. La vérité appartient à qui est au plus près du client, c'est-à-dire aux équipes du terrain. Un client n'a pas de temps à perdre du fait de considérations politiques, de décisions tardives ou d'un surplus de réunions de son fournisseur.

Le bon sens, c'est s'efforcer de raisonner en circuit court. Il faut aussi, je crois, éviter de penser que la vérité est détenue par la seule hiérarchie. Les vrais chefs sont ceux qui font progresser les équipes, les rendent performantes en les encourageant à exprimer des idées au service du collectif et de l'entreprise. Bien sûr, une bonne dose de bon sens mêlé à une bonne intuition aident beaucoup au management. C'est un cocktail auquel l'autodidacte que je suis a largement recours et je l'améliore d'année en année. L'intuition me permet, lorsque j'entre dans une salle de réunion ou un magasin, de ressentir immédiatement si les ondes sont positives ou non. Je fais toujours une rapide comparaison entre le discours qui m'est tenu et ce que je sens instinctivement. Suivre son intuition, faire simple plutôt que compliqué, ne pas agir selon des a priori ou des principes intangibles, autant de « trucs » trop souvent oubliés en management…

Se méfier quand tout va bien

Au volant de sa voiture, il faut se méfier des lignes droites, elles endorment. Quand tout roule, quand tout va bien et tourne rond dans les affaires, il faut savoir pourquoi ! Ignorer pourquoi le business est bon à un moment donné est, à mes yeux, une faute professionnelle, un manque de vigilance qui peut s'avérer fatal. Le succès non expliqué endort et tout succès est potentiellement dangereux car il peut faire baisser la garde. Le succès fait naître des convoitises, des jalousies et, bien sûr, réveille les compétiteurs. « Souviens-toi de te méfier », disait Prosper Mérimée. Sans être nécessairement d'un tempérament aussi inquiet que le mien, je conseillerais néanmoins de profiter de ces moments de grâce, de ces périodes de bons résultats, pour faire une révision générale de ce moteur qui ronronne si bien : la « vérification de la vérification », comme me le dit, en plaisantant, mon assistante.

Gouverner, c'est prévoir, et diriger une entreprise impose d'anticiper, d'agir pour le long terme. Ne jamais être pris au dépourvu et se retrouver contraint de réagir faute d'avoir su agir à temps. Quand les choses vont bien, le niveau de stress est

plus faible et cela permet de procéder à des amé-
liorations, à des changements, en se donnant tout
le temps de bien communiquer, d'expliquer aux
équipes ce que l'on fait, bref, d'agir et de concré-
tiser son projet dans le calme. Autre moyen de
demeurer éveillé : l'autodérision. J'y suis attaché car
l'esprit de sérieux tue le sérieux. S'endormir sur ses
certitudes est aussi préjudiciable que s'endormir sur
ses lauriers. L'autocritique est un sport que j'invite
mes collègues et nos équipes à pratiquer activement
chaque jour. Cela permet de garder la tête froide et
de ne pas se laisser bercer par les flatteurs. Il ne faut
surtout pas avoir la grosse tête lorsqu'on est aux
commandes car c'est le plus sûr moyen d'aller dans
le décor. Dégonflez-vous la tête en vous moquant
de vous-même, vous verrez... c'est salutaire.

Savoir dire « non »

Il est facile de toujours dire « oui », c'est la voie
du politiquement correct, et il est tellement tentant
de reporter lâchement à demain une décision, une
discussion désagréable qui doit justifier un refus,
un « non »... Un peu de courage, que diable ! Il
m'est arrivé, il m'arrive encore, lorsqu'un membre
de mon équipe me répond « oui », trop vite et
trop facilement à mon goût, de lui demander de
m'argumenter sa réponse positive. Est-ce un « oui,
patron, je veux vous plaire » ; un « oui, et après je

suis tranquille » ou encore, un « oui, et on verra bien » ? J'ai une exigence et une méfiance d'autant plus grandes lorsqu'il s'agit d'un jeune collaborateur, susceptible de penser qu'il a devant lui une telle évolution de carrière qu'elle lui permettra, de toute façon, de ne plus être là, au même poste, le jour où il faudra assumer, apporter les résultats ou tirer les conséquences du fameux « oui » libérateur qu'il aura si facilement lâché.

Le « non » peut engager davantage qu'un « oui » de circonstance. Il oblige à formuler une argumentation, une proposition construite et prometteuse de succès, il met en jeu la crédibilité de celui qui s'oppose, celle de son équipe et parfois même de l'entreprise. Je ne dis jamais « non » a priori, mais je me fais un devoir d'opposer un « non » sincère et argumenté quand cela est utile, sans chercher à faire plaisir.

Dire « non » à une exigence de sa hiérarchie ou de son actionnaire qui réclame des résultats trop rapides est le devoir d'un patron attaché au développement durable de son entreprise et de son écosystème. Un jeune manager voulant séduire facilement sa hiérarchie, ou un actionnaire tenté par un marché « feu de paille », du plus bel effet sur son résultat court terme, risque fort de mettre en péril le bénéfice, les parts de marché de demain. En résumé, si vous voulez devenir un bon patron, vous devrez savoir dire « non » avec courage mais ajouter aussitôt : « En revanche, je propose cela. Et je m'engage. »

Prendre des risques

Oser mettre sa carrière en jeu quand il le faut, accepter de se remettre en question en changeant de fonction, de lieu ou d'entreprise. Ne pas se laisser bercer par la routine, le confort d'une situation. C'est la règle de celui qui souhaite progresser. Mais il faut aussi respecter celles et ceux qui n'ont pas la même ambition et vont préférer rester, toute leur vie, au même poste ou dans la même entreprise, en pensant ainsi se protéger de l'inconnu. Il faut en revanche que ceux-ci vous assurent que leur efficacité ne faiblira pas. Vous devez épauler et soutenir votre équipe si vous souhaitez qu'elle prenne des risques pour l'entreprise.

L'inconnu ne m'a jamais fait peur, il m'attire. Je l'aborde comme un défi stimulant. Et cela depuis mon plus jeune âge. Au lycée, lorsque M. Griffon a failli, par sa maladresse et sa méchanceté, me conduire à me révolter contre la société, j'aurais pu exprimer ma colère dans la violence, dans la rue, la délinquance… Heureusement, grâce à mes valeurs familiales, j'ai fait le choix d'affronter l'inconnu et d'exprimer ma rage dans le travail. Sans diplôme, j'ai dû me mettre fréquemment en danger, en plusieurs moments successifs et cruciaux, afin de grimper les échelons à la simple force de ma volonté, de mon travail. Je n'ai jamais songé précisément à devenir un jour directeur général d'une grande entreprise mais j'ai toujours voulu passer à autre chose, à l'étape suivante, quitte à prendre des risques. La réussite, c'est du « travail amassé », comme le disait mon père à propos de l'argent, mais c'est aussi une succession de risques consentis et de challenges gagnés. Nous avons déménagé dix-huit fois dans ma carrière, et ce n'est peut-être pas fini. Par bonheur ma femme adore cela, c'est moins facile pour les enfants, qu'ils me pardonnent – une de mes filles dit : « Mes parents sont des nomades. » Chaque fois, ce fut pour nous une découverte passionnante, un nouveau challenge.

Définir une stratégie conforme à ses valeurs

Il est trop difficile de porter un discours auquel on ne croit pas ou qui ne correspond pas à ses propres valeurs. Être convaincant et ne pas avoir de conviction personnelle frise la malhonnêteté, la manipulation.

Sans conviction, on ne peut faire adhérer ses équipes sur le long terme, car elles ne sont pas dupes. On ne peut se mentir à soi-même ni leur mentir bien longtemps. D'où la nécessité de se débarrasser des girouettes qui changent de discours en fonction du vent. Comment pourraient-elles indiquer à leur tour la bonne direction ?

En management, il existe bien sûr des règles, des méthodes et des théories qui ont fait leurs preuves, on les enseigne dans les écoles. Mais l'art du contact humain, savoir communiquer avec les gens quel que soit leur niveau ou leur milieu social, le fait d'avoir du feeling, tout cela ne s'enseigne pas, c'est inné, comme le flair pour un animal.

Avoir une stratégie conforme à ses valeurs, cela a aussi le mérite d'utiliser sa mémoire à de meilleurs emplois que celui de devoir réfléchir en permanence au dernier mensonge que l'on a dit. L'équipe à besoin de connaître les valeurs du patron et d'y adhérer, c'est un point fédérateur, constructeur d'une culture d'entreprise : nous faisons cela, parce que nous y croyons. Cela donne une force d'action et de conviction phénoménale.

Les valeurs que je m'emploie à propager chez METRO France sont les miennes, elles ne me sont pas dictées par un super-consultant ou par des groupes de réflexion : la défense du commerce indépendant, des PME, de la qualité des produits, la dimension humaine dans le management, les valeurs du terroir, la citoyenneté… Diriger METRO France est totalement cohérent avec mon histoire familiale. Je suis né dans le bistrot de mes parents et je perpétue leurs valeurs, l'amour du métier et du travail bien fait, le respect du client, des fournisseurs… Ce groupe me donne la possibilité de faire vivre mes convictions sociales et managériales. Ne cherchez à ressembler à personne, soyez vous-même et donnez le meilleur.

Susciter l'enthousiasme

« On l'a fait ! » Quel bonheur quand j'entends mon équipe me dire cela. « T'as vu ? On y est arrivés ! » Ils le disent avec la même lueur dans les yeux qu'un gamin fier de son exploit. L'enthousiasme, pour peu qu'on sache le communiquer, est le meilleur des moteurs. L'enthousiasme émane presque toujours d'un courant positif, très rarement d'une équipe de tueurs qui veulent en découdre pour en découdre. L'esprit d'équipe, ça se construit, il faut travailler positivement pour développer des projets mais jamais contre un concurrent ou quelque chose. Je crois que les meilleures idées sont celles qu'on se fait voler, celles qui, une fois dévoilées, seront prises à bras-le-corps par l'équipe, qui se les approprie et va éprouver le plus grand plaisir à les réaliser, à en tirer le maximum, à les faire briller. Soyez là pour soutenir, pour apporter les moyens, pour aider à structurer la pensée des équipes, pour unir et développer les solidarités. Félicitez, marquez positivement les étapes, sauf s'il y a une erreur capitale, et ne montrez pas quand vous avez peur qu'ils n'échouent... Attendez ! Gardez votre sang-froid, laissez-leur une chance. Il faut qu'ils fassent leurs preuves, mènent leur propre expérience. Avec les années, j'ai même appris à leur faire confiance au-delà de mon expérience, à les laisser faire pas tout à fait comme moi j'aurais fait, et je me rends compte que finalement c'est souvent bien mieux. Si vous vous trompez, reconnaissez-le, ce n'est pas parce que vous êtes patron que vous avez la science infuse. Les équipes vous trouveront honnête et, surtout, normal.

Susciter l'enthousiasme, c'est, enfin, proposer constamment de nouveaux projets, de nouveaux défis à relever. Le P18 a été, avec ses excellents résultats, un formidable booster de motivation pour METRO France. Notre nouveau site ultra-moderne porte de Bercy, inauguré en juin 2011, est également un générateur d'enthousiasme pour tous les collaborateurs. Ainsi nous restons jeunes. Vieillir, je crois, c'est ne plus avoir de projets. C'est vrai aussi pour une entreprise, pour une équipe. Inquiétez-vous si votre équipe exécute parfaitement – mais seulement – vos consignes sans avoir les yeux qui brillent et sans vous challenger un peu.

Être à l'écoute de ses collaborateurs,
clients et fournisseurs

En matière de management, tout ne repose pas seulement sur un concept parfaitement écrit et formulé, une stratégie clairement définie et mise en œuvre, bien que ces deux fondamentaux soient indispensables à une entreprise et aux collaborateurs qui doivent interpréter la partition.

Là aussi, l'intuition et l'écoute doivent faire partie de la boîte à outils. Lorsque j'entre dans un bureau, que je visite un point de vente ou passe dans un couloir, il me suffit généralement d'un seul instant pour respirer l'ambiance, bonne ou... moins bonne. Le regard des collaborateurs, leur façon de bouger, de saluer, leur contact avec leur supérieur hiérarchique direct m'en disent long avant même qu'ils parlent ou que je les interroge. Ensuite, une ou deux questions aux responsables : « Comment va votre équipe ? Avez-vous des problèmes sociaux ? Quel est votre staff turnover ? » Puis je pose, l'air de rien, deux, trois questions complémentaires à l'équipe. Croyez-moi, avec ces petites astuces, des oreilles bien ouvertes et un bon nez, vous économisez des dépenses importantes en consultants, qui vous vendraient cher une radiographie de votre climat social, qui sera, bien sûr, selon eux, toujours mauvais et nécessitera d'acheter du conseil pour faire durer l'étude et allonger la facture. De même, j'aime demander aux fournisseurs que je croise : « Êtes-vous content de METRO ? Comment se passent nos relations ? À qui avez-vous affaire au service achat ? » J'ai besoin de personnaliser les relations avec nos fournisseurs comme avec nos clients, des professionnels eux aussi qui justifient toute cette attention. Les PME sont une valeur forte de la France, ce sont elles qui innovent car, à l'écoute de leurs clients, elles seules sont capables de faire du sur mesure. C'est pourquoi le ministre Hervé Novelli et moi avons tenu à remettre des trophées aux plus anciens fournisseurs de METRO, tous des PME.

Mon bureau à Nanterre est spacieux, confortable, mais loin de la réalité du terrain, des clients, des collaborateurs et des fournisseurs. Dans ce bureau, je dirige mais n'apprends rien qui puisse faire avancer l'entreprise. Chaque instant passé ainsi au contact, sur le terrain, alimente très concrètement le *to do*, le savoir-faire de l'entreprise. Ne jamais s'isoler, se couper de la réalité, ne pas être sourd aux attentes et préoccupations de tous ses partenaires, c'est fondamental pour un manager.

Pour diriger, il faut aller au contact et se donner du temps pour écouter.

S'appuyer sur sa famille

Pour nombre de décisions lourdes, lorsque vous êtes le chef, vous êtes seul, et vous vous devez d'être seul. Il y a des décisions qui ne se partagent pas. Ces décisions, ces dossiers de patron, vous les transmettrez seulement le jour où vous partirez. Par exemple, quand j'ai signé et argumenté auprès de mon actionnaire pour ouvrir notre premier site dans Paris, j'étais seul, terriblement seul.

C'est ainsi. Bien sûr, vous aurez à votre disposition des études de marché, de rentabilité, des experts, etc. Mais la décision reste prise par un homme qui s'engage seul et engage avec lui son entreprise et ses équipes. Je ne demande pas de conseil à ma famille et ne lui fais pas partager mes interrogations ni mes angoisses. S'il m'arrive de parler travail, c'est pour évoquer des choses positives. La force de la famille, des intimes, c'est de deviner et de sentir les hauts et les bas de celui ou celle qui revient de son travail où il – ou elle – exerce d'importantes responsabilités Évelyne, ma femme, est un acteur important de ma réussite, mais je ne l'accable pas de chiffres, qui sont de toute façon confidentiels, ni n'évoque de cas précis. Mais, intuitive et attentive, elle devine les creux de vague que je peux traverser et sait comment, discrètement, m'épauler. En cela, la famille est un point d'ancrage important. Les enfants jouent un rôle clé dans l'équilibre du manager. La culture du clan, de la tribu, permet de se tenir droit dans ses bottes et d'être bien dans ses pompes !

Refuser la fatalité du marché

N'écoutez pas les Cassandre qui cherchent à vous démontrer que tout va mal, que tout ira mal et que rien n'est possible compte tenu de l'état du marché, de la conjoncture, de la crise économique…

Refusez en tout premier lieu les conseils de ceux qui ne veulent surtout pas vous voir réussir et tentent de vous déstabiliser. En ne faisant rien par crainte du lendemain dont ils agitent le spectre, vous donnerez raison à leur immobilisme, et, ravis, ils vous feront perdre le goût du risque et de la victoire. Le refus de s'inscrire dans des tendances prédites est aussi l'opportunité de prendre des parts de marché car beaucoup de compétiteurs fatalistes jettent l'éponge sans même essayer de se battre.

Refusez tous ces mots défaitistes qui ne veulent rien dire pour un entrepreneur. J'ai introduit, en octobre 2008, une réunion avec 180 de nos managers en leur montrant sur un écran la liste de tous les mots que l'on doit proscrire de son langage : « On va essayer », « On fera le maximum », « Peut-être », « On tendra vers », « Tout a été fait », « On l'avait dit », « On a déjà essayé ça dans le passé et ça n'a pas marché », « On verra bien »…

En 2004, le marché des épiciers indépendants déclinait et notre chiffre d'affaires stagnait dangereusement. Tous les indicateurs annonçaient une disparition à dix ans de 50 % des épiceries. J'ai refusé d'y croire et de m'y résigner. C'est là qu'une de nos plus belles aventures a commencé, avec notre première épicerie réimplantée à Lyon. Notre rôle consiste à aider l'épicier à repenser son commerce pour plus d'efficacité et un meilleur service, mais surtout en le laissant indépendant et maître de son affaire. Pas de franchise, pas de contrat. Cela passe par un assortiment de produits plus judicieux et mieux adapté aux attentes des clients, une signalétique plus claire, etc. Depuis, nous avons aidé 4 000 épiceries : leur chiffre d'affaires s'inscrit en hausse de 20 à 35 %. Nous avons fait école et sommes copiés, tant mieux : compétiteur suiveur rime avec lenteur. Je ne sais pas si nous sauverons les épiciers, pourtant indispensables, selon moi, au tissu social des villages et quartiers, mais nous nous sommes engagés auprès d'eux en refusant la fatalité tout comme nous n'admettrons jamais la disparition annoncée des bars et bistrots. Soyons fous, tentons l'impossible et, si l'on nous imite, répétons-nous que « les fous ouvrent des chemins que les singes empruntent ».

Ne jamais chercher à tromper

Le management de demain replacera l'homme au cœur de l'entreprise, place qu'il n'aurait jamais dû quitter. Il faudra reconnaître sa valeur et celle de son travail. Cela peut sembler évident mais certains managers devront diamétralement changer à la fois leur attitude et leurs priorités, afin d'en finir avec le règne du benchmark absolu, des calculs et des projections sur ordinateur « forcément exactes » ou des verdicts sans appel de contrôleurs très éloignés de la réalité du terrain. Un management éclairé implique cette estime des hommes et des femmes qui constituent la vraie valeur de l'entreprise, cette confiance dans les équipes et dans leur expérience du terrain qui vaut, selon moi, tous les diagrammes et avis de pseudo-experts. Si, jusque-là, vous n'avez pas été un manager qui estime et soutient son équipe, vous allez avoir beaucoup d'efforts à fournir pour vous adapter aux nouvelles réalités de l'entreprise de demain.

Avoir toujours conscience d'être seul responsable

Vous voulez être patron ? Bravo ! N'oubliez jamais cependant que, Maître à bord, vous serez seul responsable. Ne vous défaussez pas, assumez, soutenez vos équipes quand elles ont raison et rassurez votre actionnaire par des résultats positifs et durables. Ne soyez pas trop modeste lorsque l'on vous fait des compliments. Si d'aventure les résultats, demain, ne sont plus au rendez-vous, c'est vous, et vous seul, à qui on le reprochera et demandera des comptes.

4

METRO Cash & Carry :
professionnel au service
de professionnels

Cherbourg, 4 h 45 du matin. Il fait encore nuit et, aux abords des bâtiments du centre de marée du Cotentin, sous une pluie battante, les quais, où sont amarrés deux énormes chalutiers, brillent à la lueur des réverbères. Apparemment aussi indifférents à l'heure matinale qu'aux caprices du ciel normand, Yannick et Patrick, collaborateurs et acteurs du succès de METRO, échangent un sourire complice et amusé en se dirigeant d'un pas décidé vers les halles de criée du port. C'est qu'ils adorent qu'un client restaurateur les mette comme aujourd'hui au défi. Une question d'amour-propre sans doute mais plus encore d'adrénaline, à croire que c'est contagieux... Cette fois, c'est un chef étoilé au Michelin bourguignon qui voudrait un superbe espadon, trois bars de ligne de six ou sept kilos et une quinzaine de saint-pierre pour après-demain. Probablement un repas qui nécessite d'en mettre à la fois plein la vue et les papilles aux convives, aussi pas question de ne pas tenir promesse. Yannick, chef de marché marée METRO, téléphone à l'un de ses collaborateurs, au centre d'achat de notre entreprise. Puis, avec Patrick, agréeur et responsable du service qualité de l'enseigne à Cherbourg, il passe en revue, tel un général sourcilleux examinant ses troupes, les rangées de bacs bleus remplis de poissons de tailles et d'espèces les plus diverses. Car, évidemment, comme tous les matins, il s'agit aussi d'approvisionner la centaine d'entrepôts METRO situés dans toutes les régions de l'Hexagone et qui écoulent chaque année auprès de leur clientèle de professionnels, restaurateurs mais aussi poissonniers, plus de 22 000 tonnes de produits de la mer.

Ne s'attardant que sur les poissons « nobles » rapportés dans la nuit par les petits bateaux côtiers et les chalutiers de haute mer, c'est-à-dire, entre autres, les bars de ligne, saint-pierre, lottes, daurades, mérous et autres soles que travaillent les restaurateurs, ils examinent en connaisseurs le rouge vif des ouïes, la raideur, l'éclat et la vivacité de l'œil, la pellicule brillante de mucus… Ils vérifient également le nom du bateau qui les a pêchés, tous n'ayant malheureusement pas la même réputation. Ils reconnaissent, en l'examinant encore, s'il s'agit de poisson des premiers ou derniers chaluts, ceux pêchés le plus récemment. Ce matin, pas d'inquiétude à avoir. C'est l'excellent équipage du chalutier *Vas-y mollo* qui était à la manœuvre, et la qualité, catégorie E comme Extra, est au rendez-vous pour les saint-pierre, les soles et les lottes, de même que pour les bars de ligne ramenés par le navire côtier *Quatre saisons*. Reste l'introuvable espadon.

Devant ses écrans d'ordinateurs, où les chiffres ne cessent d'augmenter, Sébastien suit simultanément les enchères de cinq criées (Port-en-Bessin, Concarneau, Lorient, Roscoff, Fécamp). Avec l'aide de trois de ses collègues, également acheteurs de METRO, affectés à une dizaine d'autres criées telles celles de Granville, Dieppe Le Guilvinec ou Lorient, Sébastien pianote pour acheter la meilleure qualité au bon prix. « Il s'agit pour nous, insiste Xavier Leguelinel, directeur des produits extra-frais du groupe, d'acheter au bon prix, et non pas forcément au plus bas, car ce qui importe avant tout pour nos clients, tous des professionnels qui, eux aussi, ont des clients à satisfaire, c'est la qualité. » Une exigence à laquelle nous pouvons d'autant plus répondre que, depuis environ six ans, nous opérons directement sur les criées sans passer par l'intermédiaire de mareyeurs. En outre, le fait d'être implanté dans le port, c'est-à-dire au plus près de la réalité de la marée, permet à l'équipe de lancer des ordres d'achat au meilleur moment en fonction des conditions météo et des volumes à l'arrivage des bateaux. C'est ainsi que sera trouvé ce matin-là le spectaculaire espadon sur la criée de Dieppe et que seront acquis à Cherbourg de magnifiques bars de ligne pêchés quelques heures plus tôt. Nous fournissons ainsi chaque semaine à nos clients, via nos 92 entrepôts, quelque 400 tonnes de produits de marée dont une quantité phénoménale de filets de saumon. Afin de mieux maîtriser la qualité et les prix de grossiste leader, nous travaillons très en amont en nous passant d'intermédiaire coûteux. Cette approche permet aussi de nouer d'étroites relations avec les petits producteurs. Nous disposons ainsi à Cherbourg, via un prestataire travaillant presque exclusivement pour nous, d'une unité de production de filetage de saumons qui arrivent directement des fermes d'élevage norvégiennes par camions frigorifiques.

De même nous achetons sur place, à quelques encablures à peine de notre bureau d'achat, plus de 200 tonnes de saumons par an grâce à l'unique ferme française d'élevage de saumons implantée dans la rade du port de Cherbourg. Mais METRO France, ce sont aussi chaque année des centaines de tonnes de langoustines et 1 000 tonnes de homards vivants ou 1 200 tonnes de noix de saint-jacques acheminées par une noria de camions parcourant environ 40 000 km par semaine. Stéphane Pain, propriétaire du restaurant La Pêcherie à Rouen, explique ainsi : « La confiance que m'accorde la clientèle, je dois la cultiver tous les jours. J'y arrive grâce à METRO, qui me garantit de disposer de produits à 100 % régionaux. J'accorde beaucoup d'importance à la qualité, à la fraîcheur, à la régularité des produits, et METRO répond exactement à cette exigence en me permettant d'avoir une traçabilité des produits. La traçabilité est synonyme de qualité, de confiance et, grâce à elle, je réponds aux attentes de mes clients. »

METRO France, qui n'a pas attendu que la défense du terroir français soit une idée « tendance » pour s'y attacher, donne donc la priorité aux circuits courts, grâce à une relation privilégiée avec les petits producteurs. Ces derniers, comme les commerçants indépendants, ont besoin de soutien. Partout en France, une offre locale et régionale est développée, par catégorie, sous le label 100 % Région (rayons marée, boucherie et fruits et légumes) qu'évoque Stéphane Pain. Cela implique une démarche d'approvisionnement en direct à tous les rayons frais pour garantir gain de temps, compétitivité, fraîcheur, qualité et origine des produits. Les produits sont rigoureusement sélectionnés, et les délais imposés de la zone de production à la zone de livraison sont de moins de quarante-huit heures de la criée à l'étal. Nous exigeons une traçabilité pointilleuse pour garantir l'origine, la destination et la qualité de nos produits. Par ailleurs nous avons renforcé cette exigence de qualité et de sécurité des produits alimentaires en faisant certifier « ISO 22 000 » nos entrepôts, par le Bureau Veritas.

Naturellement, les produits de luxe occupent une place de choix dans l'offre alimentaire. Par le passé, certains de nos concurrents adoraient raconter que METRO n'était pas compétent pour tout ce qui concernait les produits frais et haut de gamme. Avec le recul, je ne peux que les remercier pour la motivation qu'ils nous ont donnée en colportant ces inepties. Désormais, METRO vend chaque année plus de une tonne de caviar, deux tonnes et demie de truffes, des millions de cols de champagne… Début 2011, nous avons même créé METRO Premium, qui propose des produits d'exception indispensables au savoir-faire des étoilés au Michelin : veau élevé sous la mère, agneau de lait des Pyrénées, porc noir de Bigorre, pigeon de Racan, canard au sang, foie gras premier choix, asperges vertes de Chambord, fraises de Carpentras, citron caviar, etc. La gastronomie française est un des premiers arguments du tourisme, aussi quand le ministre Frédéric Lefebvre lance, en 2011, la première édition de la fête de la gastronomie, nous sommes bien sûr partenaires.

C'est ce culte du défi et de l'excellence que je m'attache à perpétuer et encourager. Cela implique fidélité et persévérance. C'est vers la fin des années 1980 que, sous l'impulsion de Daniel Bernard, a été initiée cette démarche exigeante. Avant moi, d'autres directeurs se sont succédé : Joël Saveuse, Francis Dufossé, Michel Arnoult… Tous ont su résister à la tentation des chiffres d'affaires trop faciles, aux gros coups sans lendemain réalisés avec des clients de passage. Très tentant de vendre un ou deux camions complets de vin ou d'alcool à un grossiste exportateur que l'on ne connaît pas ! Pourtant, mieux vaut protéger nos clients fidèles, ceux qui nous serrent la main chaque jour et, en nous tutoyant, nous disent, tel ce restaurateur : « T'es sympa de m'avoir mis de côté "ma" bouteille de Pétrus. » C'est ça notre quotidien et notre bonheur.

Autre valeur de METRO : la persévérance. Ce rayon marée, que nombre de nos compétiteurs nous envient aujourd'hui, aurait pu être abandonné si nous nous étions limités à la seule lecture des résultats économiques à court terme. Pourquoi ? Commençons par la logistique : la ponctualité coûte cher et un poisson n'est frais que s'il est livré à temps. Aucune concession n'est possible. Ensuite l'ouverture d'un rayon marée est un investissement lourd les dix-huit premiers mois car la casse est de l'ordre de 15 % du chiffre d'affaires, parfois 30 les six premiers mois. Pour mémoire, la marge est de 10 à 12 %, aussi le solde est-il négatif ! La seule issue est donc le volume, qui, aujourd'hui, n'est plus du tout un problème pour nous. Chaque année, celui-ci augmente et ce fut même le cas dans les années 2008-2009.

Je veille constamment à cultiver notre différence, plutôt que de chercher à ressembler aux autres. Les relations avec nos clients ou avec les producteurs doivent s'inscrire dans la durée et la proximité, ce qui n'est guère le cas dans tous les secteurs de la grande distribution. Cette approche à long terme, durable, me paraît capitale dans le management, notamment dans le domaine social et humain. Autre valeur fondatrice de METRO France : la proximité. C'est une aspiration fondamentale de notre société. C'est à notre engagement au service des professionnels indépendants, à notre partenariat durable avec nos clients, que METRO doit cette réussite dont je suis si fier. Cette proximité s'exprime d'abord dans la relation que nous entretenons avec l'ensemble de nos partenaires, qu'il s'agisse de nos clients, collaborateurs et fournisseurs. Chaque fois, c'est une relation de confiance et de qualité qu'il s'agit d'instaurer : proximité avec nos clients tout d'abord, grâce à nos 9 500 professionnels qui les accueillent et les reconnaissent, les conseillent, et enfin leur proposent des produits et services répondant vraiment à leurs attentes. Proximité avec nos collaborateurs, formés continuellement aux nouvelles techniques, aux nouveaux produits, et auxquels nous proposons de réelles possibilités d'évolution professionnelle. Proximité enfin avec nos fournisseurs, producteurs locaux ou grands industriels, avec des produits adaptés, dont nous garantissons l'origine et la qualité. Au fil des ans, en se rencontrant et en travaillant ensemble, nous avons tissé des relations de confiance et de respect qui nous procurent le désir et la force d'aller toujours plus loin, pour répondre au mieux aux attentes de chacun. Avoir des fournisseurs qui connaissent et partagent nos valeurs est la meilleure façon de faire connaître notre savoir-faire. Afin de valoriser l'excellence professionnelle de nos collaborateurs, nous choisissons nos meilleurs ambassadeurs de l'enseigne et de leurs métiers. Depuis 2008, nous avons lancé un concours des Ambassadeurs qui désigne chaque année cinq managers de rayons arrivés à un niveau d'excellence. Un jury composé de professionnels (grands chefs, critiques gastronomiques…) désigne un manager de chaque rayon (fruits et légumes, marée, boucherie, cave et cafés-équipements des hôtels-restaurants et fromages) et le nomme Ambassadeur METRO auprès des publics externes (clients, médias, institutionnels) et internes. On lui confiera aussi des missions de formation afin de transmettre sûrement, par le circuit interne, les valeurs de l'entreprise.

Au-delà de cette initiative, née au cours d'une agréable discussion avec mon ami le critique gastronomique Vincent Ferniot, qui est aussi devenu le parrain de nos ambassadeurs, j'ai beaucoup travaillé à développer cette proximité avec le client en demandant à toutes mes équipes de devenir des commerciaux en puissance. Dans la maison METRO, tous les collaborateurs, à tous niveaux hiérarchiques, sont concernés par la réussite de chaque client – bien sûr, les vendeurs et équipes proches du terrain sont davantage au contact de la réalité quotidienne. Et j'entends être moi-même l'un des plus zélés de ces commerciaux. Nos clients, nous leur serrons la main quand nous les croisons dans un entrepôt et nous les connaissons par leur nom, souvent par leur prénom.

Le bureau de chaque directeur d'entrepôt n'est pas dissimulé à l'étage mais situé à l'entrée, et doté de baies vitrées pour voir les clients arriver dans le magasin, et être vu et accessible. Comme nous, nos clients ont besoin de reconnaissance, qu'il s'agisse du cafetier, du petit épicier ou du chef étoilé qui veut garder son (ou ses) étoile(s) et vit sous une épée de Damoclès... Tous attendent de nous que nous soyons à leurs côtés pour les aider au quotidien. Je sais combien ces professionnels font un métier difficile, stressant. Ce que je répète à mes collaborateurs, c'est que notre job consiste essentiellement à être l'« effaceur d'ennuis » du client. Ce poissonnier a besoin d'une lotte de 10 kilos, ce restaurateur de grenouilles ou de tel saint-marcellin ou de telle qualité d'andouillette ? On va mettre un point d'honneur à le lui trouver au plus vite. Lui faciliter la vie, c'est aussi être au plus près de lui géographiquement et disponible aux horaires qui lui conviennent. La politique, que j'ai initiée, d'implantation d'entrepôts dans Paris et nos horaires d'ouverture, notamment dans la journée, nous donnent un avantage déterminant par rapport à d'autres grossistes. Car, après le service, les restaurateurs n'ont guère envie d'aller faire leurs courses entre 2 heures et 5 heures du matin !

Que de chemin parcouru ! Benjamin dirige, en 2011, l'entrepôt historique de METRO à Villeneuve-la-Garenne, le premier ouvert en France par l'enseigne en 1975. Fils de commerçant lyonnais, il a rejoint METRO en 2006 après plusieurs années dans la grande distribution. Pourquoi ce choix ? « Parce que, explique-t-il, j'avais envie d'avoir un vrai contact avec mes clients dans une relation non plus *B to C* (*business to consumer*) mais *B to B* (*business to business*). Chaque matin, j'analyse mon chiffre d'affaires par famille, pour savoir où je progresse et où je régresse, j'ai un contact personnalisé avec chaque client, qu'il soit restaurateur ou épicier. C'est une histoire d'hommes, c'est ça qui est passionnant. On les écoute pour mieux les aider ou les conseiller. Par exemple on n'hésite pas à les dépanner ou à les appeler s'il y a un produit exceptionnel dont on veut leur faire profiter avant qu'il n'en reste plus. Or le choix est grand – on peut trouver actuellement au rayon boucherie six races à viande différentes (salers, montbéliard, blonde d'Aquitaine, charolaise…) –, cela nous permet de répondre à des demandes très spécifiques. »

Les quarante ans d'existence de METRO France permettent aussi d'observer les grandes tendances et évolutions de la société française. On constate ainsi que les clients, faute de trésorerie en période de récession, stockent de moins en moins, quitte à revenir plus souvent s'approvisionner, certains investissent même leur dernière recette dans des achats au jour le jour… De même on notera que tel patron de café ou de brasserie originaire de l'Aveyron cède la place à un Chinois ou que, découragés par un métier de plus en plus difficile, depuis des années déjà les épiciers français vendent leur affaire à des Tunisiens, Marocains ou Cambodgiens qui appliquent des amplitudes d'horaires d'ouverture impressionnantes. Ou encore, on suivra, aux premières loges, l'évolution des tendances de consommation, la demande croissante de produits bio ou issus du commerce équitable mais aussi de produits halal en région parisienne, le spectaculaire développement du snacking… Quelquefois, ceux qui se lancent dans ce nouveau type de restauration rapide ne sont pas encore des professionnels. Nos équipes savent les accompagner, les conseiller et les former. On ne peut aujourd'hui se contenter de vendre. Nos concurrents peuvent faire la même chose. Pour être élu durablement par un client, il faut lui assurer une régularité, une excellence. Préparons-nous à un avenir fait de services que nous n'imaginons pas encore. Pour offrir une relation chaleureuse, il importe évidemment que les équipes de METRO France soient elles-mêmes bien dans leur tête et qu'il fasse bon vivre et travailler dans notre entreprise, ce qui suppose un respect mutuel à tous les échelons.

Deux principes essentiels : considérer le budget formation comme un investissement, non comme une dépense, et combattre la confusion courante entre bonne formation et bon management. Les deux vont de pair. Une équipe bien formée peut ne pas produire de bons résultats si un « petit chef » la traite mal et ne la considère pas. Je crois en l'alchimie de ce métier, qui demande une attention permanente sur tout.

La reconnaissance et la confiance que nous témoignent aujourd'hui nos clients n'ont pas toujours été. METRO France, entreprise née en 1971, s'est cherchée durant de longues années. Heureuse hier de servir majoritairement les épiciers, mais pas encore la restauration faute de rayons frais, on nous traitait de « vendeur de conserves » ! Les choses ont beaucoup changé.

En 1986, la création de l'offre de matériel spé-cialisé nous a permis de faire un pas décisif dans le marché de la restauration hors foyer : 5 milliards de repas servis en 1980 contre moins de 4 milliards dix ans plus tôt ! Puis, en 1987, le premier point de vente dédié exclusivement aux métiers de bouche est ouvert à Lyon. Hélas la crédibilité n'est pas au rendez-vous chez les transformateurs, restaura-teurs, traiteurs et tous les métiers du CHR (cafés, hôtels-restaurants). Un an plus tard, nous inaugu-rons le premier rayon marée. Durant ces années, il était facile à nos concurrents de nous assimiler à la grande distribution et cette réputation nous collait à la peau, au point de faire peur autant à nos poten-tiels clients cuisiniers qu'aux viticulteurs, éleveurs et à tous les grands professionnels des produits nobles. Il était difficile, parfois impossible de voir dans nos rayons les produits qui faisaient la différence.

Une petite équipe audacieuse et enthousiaste ouvre alors, entre 1994 et 1998, une quarantaine de sites. De nouveaux concepts voient le jour pour le vin, les alcools, les épices. En 2006, on met en place une maison à Nanterre pour la formation professionnelle de nos équipes et de nos clients qui le souhaitent ; en 2008 et 2009, des services de livraison, des catalogues d'articles sur internet. Ces importants développements sont soutenus par une politique forte en ressources humaines qui a fait naître de grands projets : pépinières, classes-écoles, gestion prévisionnelle des emplois et des compétences (GPEC), égalité professionnelle hommes-femmes, emploi des seniors… Dans les métiers du vin, de la viande, du poisson, des fruits et légumes, la présence d'un(e) DRH qui sait anticiper les besoins et créer des classes-écoles internes en formant les jeunes et en les intégrant est capitale.

Ces questions m'obsèdent en permanence : Sommes-nous bien au rendez-vous ? Quelle demande, quel défaut aurions-nous oublié de corriger ? L'extraordinaire lien que nous avons tissé avec la plupart de nos clients est la récompense de cette vigilance. Aujourd'hui, notre chiffre d'affaires de quatre milliards d'euros est réparti sur de nombreuses « familles clients ». Ce résultat, nous le devons aussi à la confiance des chefs cuisiniers, des restaurateurs.

Dans la salle de conférences de ce complexe hôtelier proche d'Amboise où, en ce mois de mai 2011, je réunis les managers de METRO France en séminaire annuel, l'émotion est palpable. Sur l'estrade, Gamal, cinquante ans, apporte son témoignage personnel d'intégration au sein de la société française et de notre entreprise, où il travaille depuis vingt-cinq ans. Il le fait spontanément, avec naturel, tandis que son groupe de travail présente son compte rendu sur la démarche ISO 26 000, c'est-à-dire sur la responsabilité sociétale de l'entreprise. Avec mes collègues du board de METRO France, j'ai choisi ce thème pour cette année plutôt que parler à nos collaborateurs objectifs chiffrés, courbes de croissance et benchmarking. Bien sûr, comme à chaque séminaire, je n'ai pas manqué de galvaniser mes troupes en leur rappelant quelques principes tels que « même si on est dans le vert, il ne faut jamais baisser la garde », ou « le profit ne se fait pas en éteignant les lumières pour faire des économies mais en augmentant le volume des ventes et en gagnant des parts de marché ». Et, après avoir félicité chaleureusement les plus belles performances par région de l'entreprise – + 14 % à Annemasse, Belfort et Nantes –, je leur ai répété une fois de plus : « Soyez conquérants ! Soyez pionniers ! Ayez la gnaque ! Nos clients comptent sur vous, respectez leur contrat ! » Et puis, en réponse aux questions générales posées, à ma demande, anonymement par écrit, j'en ai profité pour épingler ceux, rares heureusement, qui, manquant singulièrement de solidarité, avaient une fâcheuse tendance à critiquer le travail des autres au lieu de se concentrer sur le leur… Le rôle d'un chef d'entreprise n'est pas de séduire ses collaborateurs mais de leur dire toujours les choses telles qu'elles sont, même si parfois elles sont désagréables à entendre.

Pourtant, hormis ces recommandations et mises au point inhérentes à tout séminaire d'entreprise, qui doit toujours se conclure positivement, c'est sur la responsabilité sociétale et sur les valeurs humaines que j'ai tenu à axer ce rendez-vous 2011. J'estime en effet que l'homme doit rester au centre des préoccupations de l'entreprise, car il en est la principale richesse. Une évidence hélas parfois oubliée, comme on l'a vu lors de la crise des subprimes, qui fut d'abord la conséquence de l'égarement de certains dirigeants aveuglés par le culte de la performance immédiate et qui avaient perdu de vue les vraies valeurs. Ainsi, lors de ce séminaire, nos managers se sont attachés à réfléchir au respect des droits de l'homme, à celui de l'environnement et, au hasard des ateliers, on pouvait entendre formuler des interrogations comme celles-ci : « Quand j'embauche un homme plutôt qu'une femme au rayon brasserie ou une femme plutôt qu'un homme sur une ligne de caisses, est-ce de la discrimination ? » ; « J'ai repéré dans mon entrepôt un jeune garçon boucher qui ne savait presque pas lire et écrire et que j'ai envie d'aider… N'y a-t-il pas un devoir de vigilance de la part de l'entreprise dans de tels cas ? » Ou encore : « Quelle est notre politique de récupération des huiles de friture de nos clients ? », « Notre flotte de véhicules verts va-t-elle augmenter ? » Pertinentes questions que j'estime au moins aussi importantes pour la bonne santé et la pérennité d'une entreprise que la contemplation des graphiques !

Mais revenons à l'émouvant témoignage de Gamal. Devant ses collègues, qui l'applaudiront debout à la fin de sa prestation, ce quinquagénaire au sourire épanoui raconte ses souvenirs d'enfance. Jeune immigré algérien, il vivait avec sa nombreuse fratrie, entassés dans de minuscules chambres d'hôtel de Créteil ou de Champigny, près de Paris, puis leur déménagement dans une HLM pour « un vrai logement, le bonheur ». Gamal parle aussi de son apprentissage de la diversité, avec ses « bons copains et voisins de cage d'escalier, Simon, Eduardo, Rachid ou David », au sein de cette France terre d'accueil qui l'a « adopté » et à qui il est si « reconnaissant » de l'avoir « éduqué ». Puis il se félicite d'avoir pu faire carrière dans une entreprise « dont les valeurs ne sont pas seulement financières mais où il fait également bon vivre ».

Comme Gamal, Srekto Salipur a récemment tenu, lui aussi, à témoigner de son attachement aux valeurs de METRO France. Il raconte un peu de son histoire dans la brochure éditée par l'entrepôt de Villeneuve-la-Garenne, qui fête son quarantième anniversaire : « J'ai commencé à travailler chez METRO avec un salaire de 800 francs il y a quarante ans. J'y ai rencontré mon épouse… Cette entreprise m'a donné une véritable stabilité dans ma vie », écrit-il.

Si nous sommes touchés par les témoignages de nos clients commerçants qui nous disent leur gratitude pour les avoir aidés au quotidien à « défendre leur indépendance », ceux de nos collaborateurs, auxquels nous avons souvent mis le pied à l'étrier, sont aussi une belle récompense. « METRO ne m'a jamais lâché la main, c'est comme ça que je suis allé jusqu'au bout », confie, fraîchement diplômé, Steven Fernandes, jeune participant aux classes METRO, qui vient d'obtenir son CQP (certificat de qualification professionnelle). Toujours avec ce souci de mettre l'homme au cœur des préoccupations de l'entreprise, je suis fier du succès de notre projet « Cap Insertion » pour favoriser l'insertion professionnelle des travailleurs handicapés, dont le taux d'emploi atteint déjà, chez nous, 4,5 % et que nous entendons porter à 6 %. Dans le même esprit, nous collaborons avec le secteur adapté en commercialisant des produits (biscuits, gâteaux) fabriqués par des personnes handicapées. Autant d'actions qui, pour moi, sont prioritaires en terme de performance car elles contribuent largement à la valeur d'une entreprise soucieuse, comme l'est METRO, de l'ensemble de son écosystème. Certes, nombreuses sont les entreprises qui, en France, ont cette attitude, et je ne prétends pas nous poser en modèle ou en exception. Ce que je souhaite, en citant ces exemples, c'est valoriser l'esprit entrepreneurial et le rôle des équipes, mais aussi tenter de corriger un penchant, hélas très français, qui consiste à noircir le tableau, à voir le verre toujours à moitié vide. Optimiste, je compte sur les jeunes patrons de demain pour positiver et corriger les erreurs de management commises par la génération précédente. L'obstination positive, la capacité à rêver, à se projeter et à vouloir toujours avancer devront être vos mots d'ordre. C'est bien, pour moi, l'objectif de ce modeste ouvrage.

5

SOS Commerce indépendant

S'il est une mission qui me tient à cœur aux commandes de METRO Cash & Carry France, c'est bien de tout faire pour sauver – il en est encore temps – le commerce indépendant. Les concentrations économiques désastreuses, les mesures irresponsables et la multiplication de textes entravant toute créativité semblent vouloir programmer sa mort dans une surprenante indifférence générale. Éclaircissons tout d'abord le trouble entretenu par la confusion des termes « indépendant » et « de proximité ». L'indépendant est un patron qui investit son argent, ses convictions. Souvent, il habite sur place et, quelle que soit son origine, il est intégré dans son quartier. Les commerces de proximité sous enseigne, c'est tout autre chose. Je défends les premiers, pas seulement parce que, comme je l'ai déjà écrit ici, j'ai côtoyé depuis mon plus jeune âge cet univers convivial, rassurant mais aussi exigeant, de l'authentique rue marchande. Elle est dans mes gènes et fait partie de mes plus chers souvenirs. Tout le voisinage se réunissait dans le café de mes parents, les petits commerçants et artisans de ce quartier populaire de Courbevoie des années 1950, du cordonnier à l'épicier, du matelassier au quincaillier. L'ambiance était conviviale, ils étaient un peu ma famille. Ils me connaissaient par mon prénom. Du coin de l'œil, de leur commerce, échoppe ou atelier, ils veillaient sur l'enfant turbulent que j'étais, quitte à prévenir mes parents, mais aussi me transmettaient avec fierté leurs valeurs, leur passion du métier et un peu de leur savoir-faire, de leur tour de main.

À cette vie sociale propre à la rue marchande et ses petits commerces indépendants, on substitue les hypers, géants et autres mastodontes, les immenses centres commerciaux, le hard discount, les commerces de proximité franchisés employant des salariés sans autonomie suffisante et qui, malgré leur bonne volonté, ne peuvent s'impliquer dans le tissu social de leur quartier. C'est l'époque des courses sur internet et des amis des sites de rencontre qui ne nous feront jamais l'accolade. Il ne s'agit pas de nier certains aspects positifs de la modernité – je suis un fervent utilisateur d'internet –, ni de condamner sans nuance toute la grande distribution, ni de cultiver par simple romantisme la nostalgie du café, de la droguerie ou de l'épicier du coin. Il s'agit d'ouvrir les yeux sur la France et la société que nous sommes en train de construire, sur la vie standardisée que nous préparons à nos enfants, tant du point de vue de leur environnement, de leur sécurité, de leur épanouissement que de leurs valeurs, de leurs achats et de leur alimentation. Ne soyons pas dupes, à tout standardiser au nom du profit absolu, notre pays, mosaïque de terroirs, va perdre – est en train de perdre – son authenticité. Prenons garde à ne pas vider les villages, les quartiers et les centres-villes de la présence bienveillante de l'épicier ou du patron du bar du coin !

Pour peu qu'on réagisse en aidant le petit commerce indépendant à survivre, tout n'est pas joué. J'ai souhaité que METRO fasse partie des entreprises qui se donnent les moyens de s'engager à côté des commerçants entrepreneurs. À Chalon-sur-Saône, un simple épicier, coaché et épaulé par mes collègues et nos équipes, a ainsi réussi à résister à la concurrence de son nouveau et impressionnant voisin, un supermarché de 800 m², en optimisant l'offre et les services de sa modeste épicerie. De la même façon, pour empêcher l'irréparable, nous accompagnons au quotidien ces commerces indépendants dans leur développement. Ainsi, et j'y reviendrai plus en détail au cours de ce chapitre, nous avons permis à des milliers d'épiceries ou de cafés de ne pas sombrer ; nous aidons également les apprentis artisans bouchers et pâtissiers à se lancer dans la vie professionnelle. Il convient de faire admettre aux politiques, comme aux citoyens, que notre société aurait tout à perdre si nous laissons mourir nos commerçants. L'aménagement du territoire, chamboulé par le dépeuplement des centres-villes et des villages, lequel se trouve fortement accéléré par la disparition de l'épicier, du boucher, du cordonnier et des bars, est en effet le plus sûr moyen d'augmenter l'insécurité et de favoriser la délinquance et la criminalité. Par leur connaissance du quartier et de ses habitants, nos PME ont un rôle de gardiens de la paix, au sens le plus noble du terme, à jouer et un certain civisme à inculquer. C'est aussi vrai dans les localités de quelques centaines d'habitants, où jamais une grande enseigne ou un fast food n'ira s'installer par simple souci de rentabilité, car c'est la loi de l'optimisation. Or l'accélération de la désertification de la rue marchande en France est telle que, sur les 28 000 épiciers indépendants encore en activité, on peut craindre qu'ils ne seront plus que 18 000 ou 20 000 dans les années à venir, soit parce qu'ils auront été franchisés, soit parce qu'ils auront disparu, et cette vision est peut-être même optimiste.

Cette hécatombe du petit commerce indépendant, je l'ai dit précédemment, se produit dans une indifférence quasi générale. Ces modestes commerçants indépendants, dont la plupart ont un revenu voisin du SMIC bien qu'ils travaillent avec acharnement de 7 heures à 22 heures, ou plus, sont paradoxalement perçus comme des privilégiés, voire des voleurs. Nombre de consommateurs ne réalisent pas que les produits premiers prix des hypers et hard discounters se multiplient sous la pression du « prix à tout prix » au détriment du goût, de l'authenticité, et, comment en serait-il autrement, de la qualité. Il ne faut pas se faire d'illusions : pendant que les épiceries mettent la clé sous la porte après avoir vu leurs ventes baisser de plus de 5 % chaque année, les grandes enseignes investissent les lieux, s'imposent comme le commerce de proximité de demain en imposant un assortiment et en homogénéisant le choix offert au client. Les employés n'habitant pas sur place, ils font ce qu'ils peuvent mais ne peuvent pas avoir la même présence, on peut le comprendre. L'amélioration promise du pouvoir d'achat ne se réglera pas en agissant sur les prix de vente des commerçants. Or, pendant ce temps, les grands industriels ont des bilans en hausse et profitent quelquefois sans vergogne de l'augmentation du prix des matières premières. Sans vouloir aborder trop de sujets, examinons le sort de nos produits agricoles : la tomate, la nectarine… sont en train de passer à la trappe juste parce qu'il faut participer à la baisse des prix. Comment peut-on croire que les exploitations françaises puissent survivre à une baisse des prix de 45 % sur la tomate ? Quelle entreprise vivrait en perdant 45 % de son chiffre d'affaires ? Même constatation pour les élevages ovins et bovins. Nous sommes en train de sacrifier nos fermiers, et peut-être notre santé, à force de vouloir tout tirer vers le bas.

Revenons aux commerçants : quelques chiffres témoignent de ces dérives. Selon notre fichier client, actualisé chaque jour, plus de 14 000 magasins d'alimentation générale font vivre les villes et villages de moins de 3 000 habitants, dont 2 537 dans les villages de moins 500 âmes, 4 116 pour les villages de 501 à 1 000 habitants, 5 064 dans ceux de 1 001 à 2 000, 2 732 dans ceux de 2 001 à 3 000 habitants. Les alimentations spécialisées additionnées aux boucheries représentent 17 600 magasins dans ces mêmes villes de moins de 3 000 habitants. Ces quelque 31 600 petits magasins sont en danger car leur petit chiffre d'affaires n'intéresse pas les grands groupes franchiseurs, je me permets d'en douter.

J'ai demandé d'autre part à un cabinet réputé de réaliser une étude sur les charges sociales des commerçants dans quatre pays d'Europe : France, Italie, Allemagne et Espagne. Que constatons-nous dans le domaine de la restauration, en ligne de mire depuis la baisse de la TVA ?

– Le taux moyen d'impôts sur les bénéfices est de 20 % environ en France comme en Espagne, 18 % en Allemagne et presque 28 % en Italie.

– Notre taux de TVA moyen payé est de 9 % en France – entre-deux des 5,5 et 19,6 %, car il existe encore des produits à 19,6 % –, il est à moins de 7 % en Espagne, de 10 % en Italie et de 19 % en Allemagne.

– Les frais de salaires avec charges sont à un niveau record en France avec 40 %, au lieu de 36 % en Espagne, 35 % en Italie et 26 % en Allemagne.

– Enfin, le poids des prélèvements de l'État par rapport au salaire net des employés est de 64 % en France, 35 % en Espagne, 28 % en Italie et 39 % en Allemagne…

Cette baisse de la TVA qui fait tant polémique ne suffit évidemment pas à compenser nos différences de charges, sensiblement plus élevées en France que dans les trois autres pays comparés plus haut. Il y a bien un effet sur les prix, qui deviennent incompressibles, et il est rare, de plus en plus rare, de voir un restaurateur s'enrichir, contrairement aux idées reçues.

En fait, cet aveuglement face aux conséquences de la disparition quasi programmée du petit commerce indépendant m'est d'autant plus insupportable qu'il relève d'un phénomène plus général et particulièrement sensible en France : la perte du bon sens, qui se manifeste, entre autres, par cette fâcheuse tendance à se défausser sur l'entreprise pour régler tous les problèmes de la société, quelles que soient l'époque et la couleur politique. C'est cette habitude qui conduit à asphyxier les entreprises et à noyer leurs dirigeants sous un déluge de textes, d'interdits, de taxes et de lourdes charges sociales... TVA, RTT, 35 heures et, cerise sur le gâteau en cette période préélectorale propice aux petits cadeaux démagogiques, une prime de 1 000 euros à distribuer généreusement à tous les salariés, prime imposée par... le gouvernement aux chefs d'entreprise, comme s'ils n'étaient pas les mieux placés pour décider de ce type de mesure. C'est d'une ingérence inouïe ! Déresponsabiliser ainsi les patrons pourrait – pourquoi pas ? – pousser les salariés du secteur privé à descendre, comme les fonctionnaires, dans la rue pour manifester et réclamer une augmentation directement au gouvernement « super-patron » !

Futurs patrons, vous ne devrez pas seulement produire du résultat, vous aurez aussi à compenser de nombreux manques de l'État et de l'Administration, car l'entreprise devient peu à peu le déversoir de toutes les défaillances sociétales, conséquence de la perte des valeurs fondamentales, au premier rang desquelles figure évidemment l'éducation. En matière d'éducation, les démissions successives des parents puis de l'Éducation nationale ont fait de l'entreprise l'ultime recours pour accueillir, former et élever – au plein sens du terme – certains jeunes ayant encore tout à apprendre en matière de civisme, de politesse, de travail et de ponctualité. J'ai connu naguère, à l'école, les cours d'instruction civique et les leçons de morale : écrite à la craie sur le tableau noir, la phrase du jour nous donnait une règle de comportement... C'était naturel car nous entendions aussi tout cela à la maison, de la bouche de nos parents. Ce n'était pas un moule mais un accompagnement positif et convergent de tous les adultes. Là aussi je repense aux commerçants du quartier de mon enfance, MM. Seguignol, Michaud, Blondel, Chofi... Les enseignants, qui, depuis les années 1980, ne sont soutenus ni par les familles ni par leur hiérarchie quand ils se risquent à une réprimande, ont fini par baisser les bras. Les jeunes collaborateurs ne viennent plus aujourd'hui chercher dans l'entreprise, qui se retrouve au bout de l'entonnoir, uniquement un salaire. Ils espèrent y trouver aussi un accueil positif qui se fait de plus en plus rare dans la société française, ils cherchent un soutien moral, un moyen d'exister, de se sentir utiles, et ils reconnaissent eux-mêmes avoir besoin d'être guidés. Nous ouvrons, avec Pierre-Éric Fleury, mon collègue DRH, six classes-écoles par an, formation permettant d'accéder à un certificat de qualification professionnelle, et nous avons 50 % de réussite (c'est le principe de la bouteille à moitié pleine…). Pour beaucoup, c'est leur énième tentative de s'intégrer dans une entreprise. Quand je les accueille le premier jour, ils portent presque tous une casquette avec visière en arrière, ou une capuche de survêtement sur la tête, mais cela s'arrange très vite et, spontanément, ils se lèvent respectueusement quand j'entre dans la classe. Reste que leur faire admettre la ponctualité ou l'esprit d'équipe est un travail de longue haleine. J'ai en tout cas en tête de nombreuses réussites, ils se reconnaîtront… Le service militaire d'antan avait le mérite du brassage social. Aujourd'hui disparu, c'est l'entreprise qui a cette vocation, aussi faut-il que l'on encourage ces jeunes qui la rejoignent.

À la différence de la France, l'Allemagne a su restreindre son train de vie grâce à une politique de rigueur qui lui permet de ne pas en être réduite à ponctionner les entreprises pour remédier à ses propres défaillances. Ici, on compte sur les chefs d'entreprise pour assister les Français car, depuis bien longtemps, l'État providence, de gauche comme de droite, n'existe plus. Notre pays se prétend libéral et n'a jamais été aussi centralisateur, il n'a jamais autant pressuré les entreprises pour collecter l'argent qui financera un assistanat qui au bout du compte ne satisfait personne. Ni ceux qui sont assistés ni les responsables politiques au pouvoir qui, même en distribuant de l'argent et des primes, ne parviennent pas à se faire aimer. En outre, ici, dès qu'on pressent le moindre risque, on légifère pour se protéger. Demain, un bon chef d'entreprise, ce ne sera plus, si l'on persiste dans cette voie, quelqu'un d'audacieux ou de visionnaire, mais quelqu'un qui sait respecter les textes en vigueur, se border de toutes parts et naviguer entre les interdits. Bref, on se prétend libéraux mais on finit par tuer dans l'entreprise l'esprit d'initiative et l'ambition.

Même anomalie d'aménagement du territoire. Il suffit, je le rappelle, d'un permis de construire pour qu'une grande surface s'implante dans une zone industrielle ou en couronne d'un centre-ville tandis qu'on multiplie les obstacles administratifs et fiscaux pour les commerçants indépendants, sans moyens, seuls et vulnérables. On est encore loin du comportement de l'industrie automobile qui, de façon effrontée, s'est mise ensuite à délocaliser et à licencier après avoir perçu des aides généreuses de l'État ! En revanche, on a reproché aux restaurateurs de bénéficier d'une baisse de TVA – révisée depuis à la hausse – alors qu'eux ne délocalisent pas et créent des emplois.

Et puis, au volumineux chapitre de la perte de bon sens, n'oublions pas la vision souvent à court terme de nombre d'acteurs qui ne voient guère plus loin que leur mandat électif... Chacun voit son propre intérêt et s'attache à plaire sur le moment à celui qui réclame quelque chose. Par conséquent, depuis 1975, c'est-à-dire depuis plus d'un tiers de siècle, on s'enfonce collectivement dans des déficits abyssaux. Quelle entreprise pourrait se permettre d'être déficitaire depuis trente-six ans ? L'entreprise France, elle, en est là.

Les seuls commerces de proximité que l'on encourage actuellement sont ceux qui appartiennent à des grands groupes et non à des petits entrepreneurs risquant leur propre argent et travaillant sans filet avec des charges qui ne cessent d'augmenter et un compte d'exploitation prévisionnel quasi impossible à respecter. En outre, s'il commet une faute de gestion ou interprète mal un texte, non seulement le patron de PME va perdre son affaire et devoir hypothéquer son logement mais il risque de se retrouver devant la justice, voire en prison. Bref, pour lui, c'est toujours l'aventure. Un pilote de course, par exemple, sait qu'il a un certain risque d'accident, mais de là à l'obliger, comme pour les pilotes de PME, à prendre le départ sur pneus lisses et de devoir déchiffrer tout au long de la route une forêt de panneaux d'interdiction sibyllins, il y a un pas ! Une entreprise aujourd'hui c'est une route où, si l'on veut avancer, on ne peut plus se permettre de lire tous les panneaux, tant ils sont nombreux et difficiles à déchiffrer en conduisant. Ceux qui ont mis ces panneaux, eux, se sentent rassurés, ils ont respecté le sacro-saint principe de précaution.

Et que dire de la gestion du chômage en France ? Là aussi, le bon sens est malmené. Aujourd'hui, être chômeur, c'est bien souvent assimilé par certains à exercer un emploi créé par l'État providence. Autrefois, c'était une situation ressentie unanimement comme négative, douloureuse et exceptionnelle, mais à présent c'est le plus souvent un statut, un passage considéré par la société comme nécessaire et pourquoi pas… normal.

Parlons aussi de la réforme du régime des retraites car, sous la pression des Français, qui veulent bien tout changer mais en commençant par les avantages des autres, les choix courageux nécessaires n'ont pas été faits. Contrairement à ce qui nous avait été annoncé à cor et à cri, certaines grandes entreprises d'État, comme la SNCF, ou certains régimes privilégiés, tels ceux des grutiers, par exemple, ont été protégés tandis que les autres ont trinqué. Ne parlons pas ici des commerçants, leur retraite est insignifiante. Je suis en train de créer un observatoire des comptes d'exploitation des mêmes métiers dans différents pays européens afin de voir, à chiffre d'affaires égal, quelles sont leurs marges et charges respectives. Je suis sûr que cela sera plein d'enseignements.

Prenons conscience que le vrai tissu social du pays, ce sont les petits commerçants indépendants, non les boutiques des centres commerciaux.

Avec tous les moyens dont dispose METRO, je m'efforce donc d'aider au mieux ces commerçants indépendants – nos clients – à arriver à bon port en les guidant pour éviter les écueils semés sur leur route. Je les aide notamment à mieux identifier leurs priorités, à prendre du recul et à reconnaître, parmi ces innombrables fameux panneaux, quels sont les plus importants. Pour peu qu'on réagisse en aidant le petit commerce indépendant à survivre, tout n'est pas joué. J'ai souhaité que METRO fasse partie des entreprises qui se donnent les moyens de s'engager aux côtés des commerçants entrepreneurs, sans franchise, sans contrat imposant un minimum d'achat, sans redevance, sans droit de préemption sur leur fonds de commerce.

Difficile, malgré mes convictions et mes efforts, de savoir si je réussis toujours à répondre à leur attente. Difficile surtout, lorsqu'on est comme moi le numéro 1 d'une entreprise, d'avoir une vision objective de l'image que les clients ont de cette entreprise et, plus encore, de celle qu'ils ont de votre façon de conduire sa politique commerciale. Il ne faut pas être dupe de certains compliments, les plus flagorneurs sont prêts à vous jurer, la main sur le cœur, qu'ils entendent chanter vos louanges dans tous les points de vente aux cinq points de l'Hexagone ! Pourtant, il est parfois des témoignages extérieurs et désintéressés, des formules trop spontanées et des regards trop expressifs pour ne pas être sincères. Ceux-ci vous vont droit au cœur, on se dit qu'on ne s'est pas trompé dans le choix de ses valeurs et de ses priorités. Un journaliste, collaborateur de divers grands titres économiques, a ainsi eu l'occasion d'interviewer, dans la station de ski de Méribel, un hôtelier, client de METRO, dont l'ascension professionnelle s'est trouvée accélérée après que nous l'avons accompagné dans le développement de son commerce. Il évoque ainsi cette rencontre :

« [...] Avant de travailler avec METRO, je me sentais incapable de progresser faute de conseils et de moyens pour développer mon affaire, mais dès lors que j'ai rencontré ces équipes je me suis senti pousser des ailes. Et aujourd'hui, avec eux, je crois que je serais capable de soulever des montagnes ! » Christophe Beuque ne semble pourtant pas, lorsqu'on le voit diriger son personnel, homme à manquer d'assurance. Certes, à ses débuts, il lui est arrivé de craquer nerveusement lorsque, voilà six ans, il s'était endetté à 105 % pour acquérir son premier hôtel trois étoiles à Brides-les-Bains.

« J'avais tout juste de quoi payer les traites et je n'osais pas faire de travaux ou entreprendre quoi que ce soit pour me développer car les comptes n'étaient pas bons. Bref, j'étais dans un entonnoir », se souvient-il en soupirant.

Depuis, heureusement, Christophe Beuque a décollé et s'est imposé comme l'une des personnalités incontournables de l'industrie touristique de la région. Il est d'ailleurs président de l'office du tourisme de Brides-les-Bains et était, encore récemment, maire-adjoint chargé du tourisme de Brides-les-Bains. Aux commandes de son Altiport, hôtel quatre étoiles doté de plusieurs restaurants, d'une piscine, d'un spa, d'un magnifique bar américain, d'une immense terrasse au pied des pistes pour le déjeuner ensoleillé des skieurs, il accueille une clientèle aisée du monde entier (dont certains arrivent en avion ou en hélicoptère) avec un coefficient de remplissage à faire rougir de jalousie la concurrence et un chiffre d'affaires qui a doublé dès la première année d'exploitation. « Ma chance a été d'avoir rencontré les équipes de METRO en 2006. Au moment où, crevés à la fin d'une saison éprouvante, mon épouse et moi commencions à douter. Nous leur avons fait visiter notre hôtel, ouvert tous nos livres de comptes et ils nous ont dit simplement – mais ça a tout changé : "On est avec vous, on va vous aider."

« Évidemment, poursuit Christophe Beuque, avec ma femme on n'y croyait pas trop de peur de tomber de haut. Certes, pour certains produits et boissons de l'hôtel, on se fournissait depuis un certain temps dans l'entrepôt de l'enseigne le plus proche mais il n'y avait aucune raison objective pour que le directeur général de METRO France, qui nous avait fait l'honneur de sa visite à Brides-les-Bains, ne nous oublie pas aussi-tôt rentré à Paris dans sa bulle... » Ce ne fut pas le cas, loin de là. L'équipe de METRO est revenue sans tarder étudier l'emplacement de l'hôtel, les flux de clientèle, et elle en a conclu que le modeste hôtel qu'avait acquis Christophe Beuque « avait un potentiel énorme » qui ne demandait qu'à être révélé. « Je leur ai dit par exemple, se souvient ce dernier, n'avoir pas les moyens d'investir dans un appareil de tirage pression pour la bière mais que j'acceptais de faire de mon bar, comme ils me le proposaient, une vitrine test des produits bar METRO (jus de fruits, alcools, eaux minérales…). Dans la foulée, ils m'ont boosté et ouvert les yeux. Ils m'ont notamment convaincu de réaménager mon bar, d'en moderniser le décor, comme d'installer des écrans de télévision, d'optimiser ma terrasse avec une offre snacking, ce que nous avons fait en nous appuyant aussi sur leurs produits, d'engager du personnel… En quelques mois, ce fut miraculeux ! On est devenu, à ma grande fierté, l'un des tout premiers bars de France client de METRO en terme de consommations ; METRO nous a même donné des facilités de paiement pour investir et, de quelque 30 000 euros de chiffre d'affaires pour la saison d'hiver, avec ce bar relooké, devenu d'un seul coup l'endroit branché de Brides-les-Bains et des alentours, on a pu bondir ainsi à plus de 120 000 euros ! » Les équipes de METRO le conseillent même pour sa politique marketing ou pour renégocier ses emprunts et retrouver ainsi plus d'oxygène dans la montée vers le succès.

« Pascal Gayrard m'appelait régulièrement, alors que rien ne l'y obligeait, pour me demander, même s'il était à l'autre bout du monde : "Alors, ça va le business ?" » Réconforté, ragaillardi, tandis que le directeur général de METRO lui conseille à la fois de « se structurer sans jamais oublier de garder du temps pour rêver », Christophe Beuque repart de plus belle, devient plus performant et le taux d'occupation de son hôtel se stabilise bientôt autour de 90 %. Ainsi le jeune entrepreneur traverse sans encombre la crise économique de

2008-2009, vend sa très profitable affaire et passe à la vitesse supérieure en achetant l'Altiport Hôtel de Méribel, quarante-cinq employés, et s'est juré de passer la barre des deux millions d'euros de chiffre d'affaires...

« Je suis très admiratif des grands patrons, mais j'aimerais qu'ils sachent ainsi épauler les jeunes chefs d'entreprise moyenne qui se mettent à leur compte et manquent d'expérience en démarrant. La pression des banquiers, des fournisseurs, de la chasse aux liquidités, engendre un stress maximum et on a besoin d'aînés pour nous guider dans nos premiers pas. Et surtout pour nous permettre de gagner ainsi énormément de temps. [...] »

Pour METRO, cet accompagnement des clients va bien au-delà de la notion de service après-vente. J'estime que notre rôle et notre responsabilité sont en effet, comme l'a déclaré Christophe Beuque à ce journaliste, d'épauler ceux que j'appelle « les vrais commerçants » et surtout de leur faciliter la vie à une époque où la pression des géants et chaînes de la restauration, de l'hôtellerie et de la distribution est énorme, voire insupportable. Faciliter le métier de nos clients, c'est ce que nous faisons au quotidien.

6

Manager et épicurien

« Photographier, c'est savourer la vie. » J'aime cette devise du grand photographe Marc Riboud. Pas seulement parce que chasseur d'images fut mon premier métier et reste ma passion. Mais parce que la photo résume ma philosophie, inspirée modestement de celle d'Épicure, à savoir que je puise mon équilibre dans des joies simples. Je ne suis pas un hédoniste mais quelqu'un qui croit profondément que des plaisirs raisonnables et abordables comme ceux de se retrouver en compagnie d'êtres chers, en famille ou avec ses amis, de se fondre dans la nature pour s'y promener, de photographier un paysage, un arbre, une scène de la vie, de pêcher ou chasser avec éthique, de jouer et d'écouter de la musique, de déguster un plat savoureux ou un bon vin, constituent le sel de la vie et la clé

111

du bonheur. Confronté la semaine, comme tout patron de grande entreprise, à des situations de stress et, même le week-end, à la dictature de l'inséparable BlackBerry, j'ai besoin de ces plages de sérénité et d'authenticité pour me ressourcer. Il en va de mon efficacité, de ma clairvoyance dans mes choix managériaux, de ma capacité à rester à l'écoute de mes collaborateurs et de mes clients.

Cette quête d'authenticité m'a amené à établir, voilà quelques années déjà, ma résidence principale en pleine nature, au cœur d'une province française indifférente aux modes et snobismes parisiens : le Périgord vert. Je m'y rends chaque week-end en TGV pour y rejoindre mon épouse, mes enfants et souvent mes petits-enfants qui, eux-mêmes, prennent plaisir à inviter leurs amis. De mes fenêtres, je ne vois aucune maison, seulement des prairies où gambadent quelques poulains, un étang et l'orée d'une forêt.

J'aime également chasser avec mes amis. J'ai besoin de ce contact, de ces moments, surtout avec trois d'entre eux : Hervé, Jean et Jean-Claude. Nos métiers et nos histoires sont différents mais nous partageons les mêmes valeurs. Nous ne sommes pas des obsédés du fusil. Ce que nous aimons par-dessus tout, c'est passer un moment convivial, être en pleine nature avec nos épagneuls et setters anglais – le mien s'appelle Perle, son regard est craquant et je pense qu'il le sait... –, puis aller déjeuner chez

Nicole, à L'Éspérance, le rendez-vous aimé pour sa soupe au lard, au cœur de la forêt de la Double et de l'étang de La Jemaye où nous chassons la bécasse… Je préfère cette simplicité, cette authenticité, aux mondanités auxquelles d'autres dirigeants croient devoir s'astreindre pour développer le business, je n'aime pas mélanger travail et loisirs. Je refuse de jouer au golf ou même d'aller assister, au milieu des happy few et des people, à des tournois de tennis, confortablement installé dans une des loges d'honneur du très parisien village de Roland-Garros. Je décline la plupart des invitations, tout comme les cadeaux professionnels, énormes pièges qui n'ont rien de gratuit et vous obligent, un jour ou l'autre, à renvoyer l'ascenseur. Mon flair m'aide aussi à détecter les seuls amis de ma carte de visite, je pourrais écrire un livre entier à leur sujet !

Chasser la bécasse, comme pêcher à la mouche, exige patience, humilité, précision, sens de l'observation, intuition, connaissance de la nature, voire, parfois aussi, sang-froid La pêche à la mouche est, comme la photo ou la musique, une de mes grandes passions. Difficile d'exprimer ce que j'éprouve quand, à la tombée du jour, pour le « coup du soir », seul au milieu d'une rivière, avec de l'eau à la ceinture, j'attends, immobile, dans mes Waders (bottes montantes), que le poisson, mis en confiance par le juste posé de ma mouche artificielle, tombe enfin dans le piège. Une fois capturé, il est gracié, en prenant bien garde à ne pas le blesser ou le serrer trop fort dans ma main sèche, ce qui occasionnerait des brûlures invisibles mais fatales. Lorsqu'elle était petite, Julie, ma plus jeune fille, fut même choquée la première fois qu'elle a vu un pêcheur tuer, en la frappant d'un coup sec, la truite qu'il venait de capturer pour la mettre dans son havresac et la ramener chez lui. Julie m'avait toujours vu pratiquer le *no kill*, car l'important c'est ce jeu qui consiste à essayer d'être un petit peu plus malin que le poisson, pourtant si méfiant, et puis, l'instant d'après, lui donner rendez-vous l'année suivante. Je ne boude pas mon plaisir de gourmet lorsque, au restaurant, un beau sandre ou une belle truite se retrouve dans mon assiette, bonheur de plus en plus rare car nos chefs cuisiniers ne trouvent plus guère de vraies truites « fario ». Mais c'est très bien de les laisser vivre et grossir dans les courants et je pense à mes petits-enfants qui, à leur tour, les pêcheront un jour.

Mieux que je ne saurais le faire, lord Grey of Fallodon, un passionné de pêche à la mouche, a évoqué dans un livre, *Pêche à la mouche*, l'indicible plaisir et la philosophie liés à la pratique de cette activité ludique et sportive que l'on peut légitimement assimiler à un art. « Pour réussir, écrit lord Grey of Fallodon, il faut acquérir la rapidité et la souplesse de la main, la maîtrise dans la manœuvre de la canne et de la ligne [...]. L'art de la mouche ne peut pas s'enseigner par une explication [...]. Le pêcheur ne doit jamais être troublé par l'antagonisme du vent [...] pas plus que par les singularités de la rivière [...], la maîtrise ne s'acquiert que par la pratique et l'endurance d'une peine constante et bien ordonnée [...], un effort soutenu calme et intelligent [...], un esprit attentif et créateur [...], la maîtrise de soi [...], le sang-froid [...]. »

Ces qualités requises pour la pêche à la mouche pourraient être aussi préconisées dans une grande école de commerce qui préparerait ses élèves au métier de chef d'entreprise et à l'esprit de compétition. Pourtant, si cette passion m'apporte beaucoup dans mon métier de manager, c'est d'abord parce qu'elle me permet de décompresser et de communier avec la nature. Là aussi, lord Grey of Fallodon sait trouver les mots justes : « Ceux qui connaissent le mieux les règles et la pratique de la pêche à la mouche sèche sont des épicuriens parmi les pêcheurs [...], l'enchantement des prés et des bois, les jeux de lumière sur l'eau et la chanson des courants [...], la pêche nous conduit souvent parmi les plus beaux paysages, aux moments les plus exquis de l'année, et nous éprouvons un sentiment accru de gratitude et goûtons l'essence suprême du plaisir [...]. »

Il est pour moi évident que tout est lié, que l'on ne peut pas être différent dans sa vie privée et professionnelle. Tout hobby ou activité de loisir doit, à mes yeux, être exercé, pour le plaisir de bien faire, avec une même exigence que s'il s'agissait de son métier. Parfois, l'amateur peut rivaliser, voire dépasser le professionnel. C'est vrai pour la photo, comme pour la pêche, la chasse, la musique, le bricolage ou la cuisine.

Lorsque, enfant, j'apprenais à jouer de l'accordéon, mon professeur mentor et ami André France me disait : « Quand tu n'aimes pas une suite d'accords, que tu la trouves trop difficile, travaille jusqu'à l'excellence et tu en seras récompensé par la qualité du résultat que tu finiras par atteindre et tu en sortiras grandi. » Relever des défis, même dans mes loisirs, m'apporte un réel bonheur. À tous ceux qui veulent réussir, je conseille de ne rien faire dans l'à peu près, soyez capable de faire ce que vous exigez des autres. Paul Bocuse dit, je crois : « Un chef doit savoir faire ce qu'il demande à tous ses commis. »

Tout comme j'aime, le week-end en Dordogne, en compagnie d'Évelyne, mon épouse, rêver en écoutant Berlioz ou Debussy, je suis capable, des heures durant, de recommencer à jouer la même phrase musicale à l'accordéon jusqu'à la perfection. Et c'est seulement lorsque j'estimerai l'avoir atteinte, ou du moins m'en être approché, que je m'autoriserai à aller jouer devant mes amis, faire un bœuf avec des copains musiciens ou, comme l'autre dimanche, dans la maison de retraite de ma chère maman, afin de rappeler à ces dames aux cheveux blancs les souvenirs des valses et tangos de leurs vingt ans. Je pense que tous les musiciens capables de se produire en public sont des gens généreux, tout comme le sont aussi les chefs de cuisine. Le mot « partage » est le sens de la vie.

L'accordéon, quel instrument démodé et d'un autre niveau social que celui d'un chef d'entreprise, vous direz-vous… Qu'importe, j'aime cet instrument exigeant, j'aime sa façon de déranger ceux qui suivent le courant du moment, j'aime, en réunion mondaine, avouer jouer du piano à bretelles et entendre les « Ah… C'est intéressant ! », j'aime remercier mes parents disparus pour tout ce qu'ils m'ont transmis et j'éprouve un grand plaisir à faire écouter à mes amis de belles valses manouches ou de beaux thèmes d'Europe de l'Est.

Un vrai bonheur doit être partagé. Et si j'aime la solitude qui me permet de rêver ou de réfléchir sereinement – c'est souvent le week-end que me vient tout à coup la solution que je cherchais pour mon entreprise et que je mettrai en pratique dès mon retour au bureau le lundi matin –, rien n'est plus agréable que de communiquer et de faire partager sa passion à sa famille et ses amis. Julie, aujourd'hui avocate, évoque souvent l'époque où, alors qu'elle n'avait qu'une dizaine d'années, je lui apprenais à fabriquer des mouches artificielles avec des plumes, du fil, des hameçons, comme je lui avais enseigné, quelques années plus tôt, à distance d'une grande bassine d'eau (!) dans notre jardin, à bien lancer sa ligne faite de soie afin de réussir un posé précis et délicat. Elle était fière, et moi j'étais transporté. Mes deux filles aînées m'ont donné de beaux petits-enfants, chaque moment est important pour transmettre ce goût des valeurs simples, qui est, je pense, une notion très moderne compatible avec la « facebookisation » des relations.

Mes parents ont eu l'intelligence de me faire vivre en société dès mon plus jeune âge, sans juger les gens en fonction de leur origine, mais plutôt selon leur capacité, leur talent à porter une empreinte positive. En Dordogne, au contact de mes amis provinciaux, que j'affectionne et trouve « normaux », à la différence de certains de ces Parisiens blasés qui se haussent du col, critiquent et ronchonnent tout le temps, je retrouve cette authenticité, cette simplicité qui m'importe tant dans les rapports humains. À ce propos, un autre petit conseil : soyez toujours conscient que l'on peut être performant dans le business sans pour autant se croire immortel ou irremplaçable à son poste.

Ma femme, qui a connu des moments éprouvants dans sa jeunesse – elle a perdu très tôt ses parents et a dû travailler dur pour élever ses frères et sœurs –, est évidemment sur la même longueur d'onde. Comme moi, elle déteste les gens superficiels qui ne raisonnent qu'en termes de cartes de visite. Ce genre de relation se transforme vite en non-échange. Évelyne m'accompagne volontiers, quand je le lui demande, aux événements liés à mes responsabilités de chef d'entreprise, mais elle fuit les mondanités car, pour elle, rien ne vaut le plaisir de planter un arbre, de voir s'ouvrir les fleurs de son jardin, de mitonner dans sa cuisine un repas à partager ou de décorer notre maison, comme elle excelle à le faire après avoir chiné dans les brocantes. Tous deux nous avons essayé de communiquer à nos enfants ce goût des choses vraies, cette faculté de profiter de chaque instant et de garder intacte sa capacité d'enthousiasme, d'émerveillement, quels que soient sa réussite professionnelle ou son niveau de vie. Comme le chante, je crois, Georges Moustaki, un des auteurs-interprètes que j'aime, il faudrait surtout « pleurer les morts qui sont morts d'ennui et de ne pas avoir assez vécu ». Le savoir-vivre, pour moi, ce ne sont pas les bonnes manières et le respect de l'étiquette, c'est propager avec simplicité autour de soi ce sens de la vie, cet épicurisme. Ce n'est pas toujours simple, cela demande parfois une forte résistance, une capacité à dire non à ceux qui, faux amis, ne mériteraient pas d'entrer dans ma maison.

« Savourer la vie », dit Marc Riboud. La photo fait partie, pour moi, de cette philosophie. Une façon de regarder les scènes du quotidien, la nature, les hommes. En un seul coup d'œil saisir intuitivement une ambiance, une émotion, un sentiment, une vérité. Saisir instantanément, au cent vingt-cinquième de seconde, la réalité d'une situation m'est souvent utile dans mon métier. Un patron doit savoir ouvrir grands les yeux sur le monde qui l'entoure mais aussi savoir l'apprécier dans tout ce qu'il nous offre de beau et de bon. Comment pourrais-je diriger une entreprise comme METRO sans aimer les bons produits indispensables à un chef pour la préparation d'un mets succulent ?

« Photographier [...], c'est une façon de vivre », a dit Henri Cartier-Bresson. Une ouverture d'esprit, une façon d'aimer et de comprendre le monde en constante évolution, de regarder, de sentir, de deviner au-delà des apparences, des a priori, des clichés... Cette alchimie de technique et de sensibilité est, je pense, indispensable pour un patron. Il ne peut pas se laisser porter par les courants, il doit suivre ses convictions et savoir où exactement il décide d'emmener son équipe pour la réussite et la pérennité de son entreprise. Ne pas gagner, c'est disparaître ; ne pas accepter de changer quand il le faut, c'est prendre le risque de se laisser modeler par la réalité du marché. Et d'y perdre son âme.

7

La réussite sourira toujours aux jeunes audacieux

Selon un sondage de la Fondation pour l'innovation politique, 20 % seulement des jeunes Français se disent « très confiants » dans leur avenir, contre 60 % des Danois ou des Américains. Une autre enquête réalisée, avant la crise de l'euro, par l'Institut français d'opinion publique (IFOP) révèle que 71 % des 16-30 ans sont peu ou pas du tout confiants pour l'avenir de la société française. Ce pessimisme de nos jeunes compatriotes me navre car, sans ce formidable carburant qu'est l'enthousiasme, comment auront-ils la capacité de franchir les obstacles qui les attendent sur le chemin de la réussite et l'énergie de relever les défis qui leur permettra de réaliser leurs rêves ? On peut comprendre en tout cas leur désarroi. Depuis

1975, le nombre des chômeurs de quinze à vingt-neuf ans a presque doublé et il faut, en moyenne, cinq ans à un jeune pour passer du premier emploi (stage, CDD, périodes d'essai à répétition...) au premier CDI ! Quand on leur demande, plus précisément, quels sont les principaux motifs de leur inquiétude, ils évoquent évidemment la menace du sida, le chômage (il atteint 24 % des moins de vingt-cinq ans et dépasse les 40 % en zone urbaine sensible), la difficulté de trouver un logement ou le danger environnemental, mais aussi et surtout les lacunes et l'inadaptation de notre système éducatif aux besoins du marché du travail. Ainsi le sociologue François de Singly, professeur à l'université Paris-Descartes, déplore-t-il l'importance excessive accordée en France aux diplômes car elle a pour conséquence de « diminuer le sentiment de maîtrise de sa vie ». Le parcours scolaire et universitaire, en effet, détermine à lui seul le futur parcours professionnel des jeunes au point de décourager, comme si les jeux étaient déjà faits, l'esprit d'initiative et l'esprit d'entreprise chez nombre d'entre eux.

Face à ce malaise qui ne se limite pas, tant s'en faut, à l'Hexagone, certains observateurs, comme Juan Somavia, directeur général du Bureau international du travail s'alarment même de la possible émergence d'une « génération perdue ». Je ne partage pas du tout cette vision des choses ou, en tout cas, je me refuse catégoriquement à l'admettre. Car, pour peu qu'on sache lui redonner confiance, l'inviter à se dépasser, et lui apporter, avec notre expérience d'adulte, quelques clés qui lui feront gagner du temps et lui éviteront de se fourvoyer, je crois que cette jeune génération, que certains disent assistée ou déboussolée, c'est-à-dire sans repères et sans cap, pourrait bien nous étonner dans le bon sens par sa générosité et son exigence, en corrigeant même au passage certaines de nos erreurs passées. Regardons par exemple ce qui s'est passé en 2011 à Madrid ou lors du Printemps arabe à Tunis ou au Caire… Les premiers à descendre dans la rue, parfois au péril de leur vie, pour exiger plus de justice sociale ou l'avènement de la démocratie, n'ont pas vingt ans. On est loin des slogans beaucoup plus futiles de Mai 68 où les jeunes manifestants proclamaient qu'il est « interdit d'interdire » ou promettaient de trouver « sous les pavés la plage »… De même, les chantiers et actions appelant au bénévolat et à la solidarité dans le domaine environnemental ou humanitaire sont souvent obligés de refuser de jeunes volontaires tant ils sont nombreux à répondre à l'appel.

Les jeunes ont beaucoup plus de mérite aujourd'hui que ceux de ma génération, celle qui avait vingt ans dans les années 1970, où nous grandissions dans l'insouciance malgré l'importance de notre classe d'âge du baby-boom de l'après-guerre.

Comme on le voit dans les sondages que je cite plus haut, le sida, le chômage mais aussi l'absence de conviction patriote de nos politiques, l'économie virtuelle, le développement non durable, les 35 heures, et toutes ces mesures et textes de loi démotivants ont de quoi déboussoler la jeune génération française. Et plus ravageur encore est l'effet produit par les mensonges de certains démagogues ou par la lâcheté de parents qui tendent à faire croire qu'il est possible de gagner beaucoup d'argent sans pour autant devoir travailler… beaucoup. Mensonge également de sacraliser les diplômes comme s'ils étaient le sésame suffisant pour ouvrir toutes grandes les portes d'une entreprise qui recherche d'abord des candidats ultra-motivés, dotés de bon sens, d'intuition et travailleurs.

La réussite d'un homme repose sur de nombreux facteurs mais surtout ces deux-là qui me semblent inséparables : l'expertise et le comportement. L'expertise, c'est le savoir, la technique, la théorie utile, elle permet la compréhension et aide à la décision. Le comportement, c'est ce qui va transformer la théorie en résultat, en succès, et qui fera réussir ceux qui savent faire la différence, ceux pour lesquels quelquefois on parlera même de talent. Certains diront qu'ils ont eu de la chance, d'autres y verront le résultat de leur seul travail. Il en est un peu du secret, de l'alchimie de la réussite comme de l'art de la photographie dont parlait magnifiquement Nadar : « La photographie est une découverte merveilleuse, une science qui occupe les intelligences les plus élevées, un art qui aiguise les esprits les plus sagaces et dont l'application est à la portée du dernier des imbéciles… La théorie photographique s'apprend en une heure… Ce qui ne s'apprend pas… c'est le sentiment de la lumière, c'est l'intelligence morale de votre sujet, c'est ce tact rapide qui vous met en communion avec le modèle, et vous permet de donner… la ressemblance la plus familière et la plus favorable, la ressemblance intime. »

Au terme de ce livre dont l'ambition initiale était de partager, avec de jeunes lecteurs, un peu de ce que la vie m'a appris, je leur souhaite une réussite conforme à leur désir et à leur volonté. Et surtout, n'oubliez jamais, jeune ami lecteur, de transmettre à d'autres votre envie car nous devons tous être des « passeurs ».

Remerciements

Heureux moment que celui où l'on rend hommage à tous ceux qui vous ont accompagné ou ont guidé vos pas jusque-là, même si, à 60 ans, nombre de projets passionnants m'attendent encore.

D'abord, merci à mes parents qui m'ont donné le sens des vraies valeurs. Merci à ma chère épouse. Sans son amour, sa compréhension et l'équilibre familial dont elle est la garante, ce livre où je me livre tant n'existerait pas. Merci à mes filles aînées, Stéphanie et Cécile, auxquelles les aléas de la vie et mon travail ne m'ont, hélas, pas permis de témoigner aussi souvent que je l'aurais souhaité mon amour paternel. Merci à Julie, ma plus jeune fille et ma complice de toujours. Puisse-t-elle me pardonner pour l'inconfort qu'a pu occasionner dans son enfance et son adolescence une vingtaine de déménagements professionnels successifs. Merci à toi pour ta présence à mes côtés, ta maturité et ta réussite dont je suis si fier.

Merci au hasard, qui m'a fait naître français, aveyronnais, à une époque où le travail était sacré.

Merci à Pierre Marty, que je n'ai jamais revu.

Merci aux commerçants et artisans du quartier de mon enfance, qui m'ont tant appris.

Alain, Erick, Jean-Louis merci pour l'accueil réservé, en mars 1992, au jeune directeur stagiaire à son arrivée chez METRO. Merci pour votre précieuse collaboration aujourd'hui.

Merci à tous ceux qui ont accepté d'être cités dans ce livre.

Merci à tous les amis de METRO, aux présidents de confédérations et fédérations professionnelles qui nous soutiennent et partagent mes convictions. Merci aux parlementaires qui me font confiance.

Merci à Élisabeth Blandin, directrice de la communication Corporate de MCCF, et à tous les hommes et femmes travaillant à la réussite de cette fantastique machine de commerce. Merci à Bénédicte, mon assistante, dont le premier mérite est de parvenir à gérer mon planning qui change dix fois par jour.

Enfin, merci à Joël Saveuse et Eddy Vanhille, de METRO GROUP International, qui m'ont laissé toute liberté de publier ce livre.

Table

Préface 7

Introduction 21

1. L'école de la vie 25

2. Ascension et rébellion.................................. 37

3. Le métier de chef d'entreprise :
   douze conseils à un jeune manager.................... 53

4. METRO Cash & Carry : professionnel
   au service de professionnels............................ 73

5. SOS Commerce indépendant.......................... 93

6. Manager et épicurien.................................... 111

7. La réussite sourira toujours aux jeunes
   audacieux.. 121

Remerciements 127

Pour l'éditeur, le principe est d'utiliser des papiers composés de fibres naturelles, renouvelables, recyclables et fabriquées à partir de bois issus de forêts qui adoptent un système d'aménagement durable.

En outre, l'éditeur attend de ses fournisseurs de papier qu'ils s'inscrivent dans une démarche de certification environnementale reconnue.

*Cet ouvrage a été composé
par Nord Compo à Villeneuve-d'Ascq*